EL FIN DEL MUNDO Y EXTINCIONES

Descubre los Eventos que han Causado Extinciones
y las Posibles Causas del Fin del Mundo

BRADLEY GREGORY

© Copyright 2022 – Bradley Gregory - Todos los derechos reservados.

Este documento está orientado a proporcionar información exacta y confiable con respecto al tema tratado. La publicación se vende con la idea de que el editor no tiene la obligación de prestar servicios oficialmente autorizados o de otro modo calificados. Si es necesario un consejo legal o profesional, se debe consultar con un individuo practicado en la profesión.

- Tomado de una Declaración de Principios que fue aceptada y aprobada por unanimidad por un Comité del Colegio de Abogados de Estados Unidos y un Comité de Editores y Asociaciones.

De ninguna manera es legal reproducir, duplicar o transmitir cualquier parte de este documento en forma electrónica o impresa.

La grabación de esta publicación está estrictamente prohibida y no se permite el almacenamiento de este documento a menos que cuente con el permiso por escrito del editor. Todos los derechos reservados.

La información provista en este documento es considerada veraz y coherente, en el sentido de que cualquier responsabilidad, en términos de falta de atención o de otro tipo, por el uso o abuso de cualquier política, proceso o dirección contenida en el mismo, es responsabilidad absoluta y exclusiva del lector receptor. Bajo ninguna circunstancia se responsabilizará legalmente al editor por cualquier reparación, daño o pérdida monetaria como consecuencia de la información contenida en este documento, ya sea directa o indirectamente.

Los autores respectivos poseen todos los derechos de autor que no pertenecen al editor.

La información contenida en este documento se ofrece únicamente con fines informativos, y es universal como tal. La presentación de la información se realiza sin contrato y sin ningún tipo de garantía endosada.

El uso de marcas comerciales en este documento carece de consentimiento, y la publicación de la marca comercial no tiene ni el permiso ni el respaldo del propietario de la misma.

Todas las marcas comerciales dentro de este libro se usan solo para fines de aclaración y pertenecen a sus propietarios, quienes no están relacionados con este documento.

Índice

Introducción	vii
1. Los Inicios	1
2. Extinción Masiva Del Ordovícico Final	19
3. La Extinción En Masa Del Devónico Tardío	61
4. La Extinción Masiva Del Final Del Pérmico	79
5. La Extinción En Masa Del Final Del Triásico	99
6. La Extinción Masiva Del Cretácico Final	115
7. La Extinción En Masa Del Pleistoceno Final	125
Conclusión	149

Introducción

Es el amanecer de una nueva era geológica. Un enjambre repleto de Homo sapiens se reúne en las orillas de un estuario en el borde del continente norteamericano. Los glaciares se han retirado; los mares se han elevado más de 400 pies desde la última edad de hielo, y las nuevas y relucientes colmenas de acero y vidrio de Manhattan se elevan desde los pantanos. Sobre la confiada ciudad, al otro lado del río Hudson, se cierne el acantilado de Palisades. Las gigantescas columnas de basalto se sientan en un silencio pedregoso e impasible, como lo han hecho durante 200 millones de años. Estos acantilados, cubiertos de maleza y grafitis, son monumentos de una antigua apocalipsis. Están hechos de magma que una vez alimentó burbujeantes

Introducción

fuentes de lava en la superficie, lava que una vez sofocó el planeta desde Nueva Escocia hasta Brasil. Las erupciones inundaron la atmósfera con dióxido de carbono al final del período Triásico, asando el planeta y acidificando los océanos durante miles de años. Breves ráfagas de smog volcánico salpicaron de frío este súper invernadero.

El vulcanismo desbocado cubrió más de 4 millones de millas cuadradas del planeta y mató a más de las tres cuartas partes de la vida animal en la tierra en un instante geológico.

Luché por seguir el ritmo de un paleontólogo de la Universidad de Columbia, mientras subía a saltos por el camino irregular que conducía desde las orillas del Hudson hasta la base de las Palisades. Frente a nosotros, asfixiados bajo esta enorme pared de magma ahora sólido, estaban los restos del fondo de un lago de un cuarto de billón de años, completo con fósiles de peces y reptiles exquisitamente conservados.

Detrás de nosotros, zumbando débilmente, estaba el horizonte de la ciudad de Nueva York.

Introducción

Le pregunté si la ciudad al otro lado del río se preservaría para que los futuros geólogos la descubran, como este apacible diorama triásico en el fondo de las rocas. Se volvió para contemplar el paisaje.

"Es posible que tenga una capa de cosas", dijo con desdén, "pero no es una cuenca sedimentaria, por lo que eventualmente se erosionará hasta convertirse en nada. Tendría fragmentos que llegarían al océano y serían enterrados y podrían algunas tapas de botellas, tal vez. Habría algunas señales isotópicas bastante potentes. Pero el sistema de metro no se fosilizaría ni nada por el estilo. Todo se erosionaría con bastante rapidez."

Es desde esta perspectiva desorientadora que los geólogos operan: para ellos, millones de años corren juntos, los mares dividen continentes, luego se drenan, y grandes cadenas montañosas se erosionan hasta convertirse en arena en momentos.

Es una perspectiva que es necesario cultivar si uno quiere tener una idea de las asombrosas profundidades del tiempo geológico, que retrocede detrás de nosotros cientos de millones de años y se extiende ante nosotros hasta el infinito. Si la actitud de este paleontólogo parece desapasionada en extremo, es un síntoma de la

Introducción

inmersión de toda una vida en la historia de la Tierra, que es a la vez vasta más allá de la comprensión y, en algunos momentos extremadamente raros, trágico más allá de las palabras.

La vida animal ha sido casi destruida en exterminios repentinos en todo el planeta cinco veces en la historia de la Tierra. Estas son las llamadas cinco grandes extinciones masivas, comúnmente definidas como cualquier evento en el que más de la mitad de las especies de la tierra se extinguen en menos de un millón de años aproximadamente. Ahora sabemos que muchas de estas extinciones masivas parecen haber ocurrido mucho más rápido. Gracias a la geocronología a escala fina, sabemos que algunas de las mortandades más extremas en la historia de la Tierra duraron solo unos pocos miles de años, como máximo, y pueden haber sido mucho más rápidas. Una forma más cualitativa de describir algo como esto es Armagedón.

El miembro más famoso de esta sombría fraternidad es la extinción masiva del final del Cretácico, que acabó con los dinosaurios (que no son aves) hace 66 millones de años. Pero el Cretácico Final es sólo la extinción masiva más reciente en la historia de la vida. El día del juicio final volcánico cuyas brasas pedregosas vi

Introducción

expuestas en los acantilados junto a Manhattan, un desastre que derribó un universo alternativo de parientes lejanos de los cocodrilos y sistemas globales de arrecifes de coral, golpeó 135 millones de años antes de la muerte de los dinosaurios.

Este desastre y las otras tres extinciones masivas importantes que lo precedieron son invisibles, en su mayor parte, en la imaginación del público, eclipsadas durante mucho tiempo por la caída del T- Rex. Esto no es del todo sin razón.

Por un lado, los dinosaurios son los personajes más carismáticos en el registro fósil, celebridades de la historia de la tierra de las que los paleontólogos que trabajan en períodos anteriores más olvidados se burlan como monstruos de gran tamaño pavoneándose. Como tal, los dinosaurios acaparan la mayor parte de la prensa popular dedicada a la paleontología.

Además, los dinosaurios fueron aniquilados de manera espectacular, con sus momentos finales marcados por el impacto de un asteroide de 6 millas de largo en México.

Pero si fue una roca espacial lo que hizo a los dinosaurios, parece haber sido un desastre único. Algunos

Introducción

astrónomos fuera del campo impulsan la idea de que los impactos periódicos de asteroides causaron cada una de las otras cuatro extinciones masivas del planeta, pero esta hipótesis prácticamente no tiene respaldo en el registro fósil. En las últimas tres décadas, los geólogos han rastreado el registro fósil en busca de evidencia de impactos devastadores de asteroides en esas extinciones masivas, y no han encontrado nada. Resulta que los administradores más confiables y frecuentes de las catástrofes globales son los cambios dramáticos en el clima y el océano, impulsados por las fuerzas de la propia geología. Las tres mayores extinciones masivas de los últimos 300 millones de años están todas asociadas con gigantescas inundaciones de lava a escala continental, el tipo de erupciones que superan la imaginación.

La vida en la tierra es resistente, pero no infinitamente: los mismos volcanes que son capaces de dar la vuelta a continentes enteros también pueden producir un caos climático y oceánico digno del apocalipsis.

En estos raros cataclismos eruptivos, la atmósfera se sobrecarga con dióxido de carbono volcánico, y durante la peor extinción masiva de todos los tiempos, el planeta se convirtió en un sepulcro infernal y podrido, con océanos calientes y acidificantes hambrientos de oxígeno.

Pero en otras extinciones masivas anteriores, es posible que no hayan sido los volcanes ni los asteroides los culpables. En cambio, algunos geólogos dicen que las placas tectónicas, y tal vez incluso la propia biología, conspiraron para absorber CO_2 y envenenar los océanos. Mientras que el vulcanismo a escala continental hace que el CO_2 se dispare, en estas extinciones anteriores, algo más misteriosas, el dióxido de carbono podría haber caído en picado, aprisionando a la tierra en una cripta helada. En lugar de colisiones espectaculares con otros cuerpos celestes, han sido estos choques internos en el sistema terrestre los que más frecuentemente han desviado al planeta de su curso. Gran parte de la desgracia del planeta, al parecer, es de cosecha propia.

Afortunadamente, estas supercatástrofes son reconfortantemente raras, habiendo ocurrido solo cinco veces en los más de 500 millones de años desde que surgió la vida compleja (ocurriendo, aproximadamente, hace 445, 374, 252, 201 y 66 millones de años). Pero es una historia que tiene ecos aterradores en nuestro propio mundo, que está experimentando cambios que no se

Introducción

habían visto en decenas de millones, o incluso cientos de millones de años.

"Está bastante claro que los tiempos de alto nivel de dióxido de carbono, y especialmente los tiempos en que los niveles de dióxido de carbono aumentaron rápidamente, coincidieron con las extinciones masivas", escribe, un paleontólogo de la Universidad de Washington y experto en extinciones masivas del final del Pérmico. "Aquí está el conductor de la extinción".

Como la civilización está ocupada demostrando, los supervolcanes no son la única forma de sacar mucho carbono enterrado en las rocas afuera del océano a la atmósfera de manera rápida. Hoy en día, la humanidad se ocupa de desenterrar cientos de millones de años de carbono enterrado por la vida antigua y lo enciende todo a la vez en la superficie, en pistones y centrales eléctricas, el vasto y difuso metabolismo de la civilización moderna. Si vemos que esta tarea está completa y la quemamos por completo, sobrecargando la atmósfera con carbono como un supervolcán artificial, de hecho se calentará mucho, como lo ha hecho antes. Las olas de calor más calientes experimentadas hoy se convertirán en el promedio, mientras que las futuras olas de calor empujarán a muchas partes del

Introducción

mundo a territorio desconocido, asumiendo una nueva amenaza que superará los límites estrictos de la fisiología humana.

Si esto sucede, el planeta volverá a una condición que, aunque completamente ajena a nosotros, ha aparecido muchas veces en el registro fósil. Pero los tiempos cálidos no son necesariamente algo malo. El Cretácico, embrujado por los dinosaurios, era significativamente más rico en CO_2 atmosférico y, en consecuencia, ese período fue mucho más cálido que el actual.

Pero cuando el cambio climático o los cambios en la química de los océanos han sido repentinos, el resultado ha sido devastador para la vida.

En el peor de los tiempos, la tierra ha sido casi arruinada por estos paroxismos climáticos a medida que los interiores continentales letalmente calientes, los océanos acidificantes y anóxicos y la muerte masiva barrieron el planeta.

Esta es la revelación de la geología en los últimos años que presenta la perspectiva más preocupante para la sociedad moderna. Los cinco peores episodios de la historia de la Tierra se han asociado con cambios violentos en el ciclo del carbono del planeta. Con el tiempo, este elemento fundamental va y viene entre las reservas de la biología y la geología: el dióxido de carbono volcánico del aire es capturado por la vida marina basada en el carbono, que muere y se convierte en piedra caliza carbonizada en el lecho marino. Cuando esa piedra caliza se hunde en la tierra, se cocina y los volcanes escupen el dióxido de carbono al aire una vez más. Y así sucesivamente.

Por eso es un ciclo. Pero eventos como inyecciones repentinas y extraordinariamente grandes de dióxido de carbono en la atmósfera y los océanos pueden provocar un cortocircuito en esta química de la vida. Esta perspectiva es una de las razones por las que las extinciones masivas pasadas se han convertido en un tema tan de moda en los últimos tiempos en la comunidad científica. La mayoría de los científicos con los que hablé a lo largo de la elaboración de este libro estaban interesados en la historia de las experiencias cercanas a la muerte del planeta, no solo para responder a una pregunta académica, sino también para aprender, mediante el estudio del pasado, cómo responde el planeta a exactamente el tipo de conmociones que le estamos infligiendo actualmente.

Introducción

Esta conversación en curso en la comunidad de investigación está sorprendentemente en desacuerdo con la que tiene lugar en la cultura más amplia.

Hoy en día, gran parte de la discusión sobre el papel del dióxido de carbono en la conducción del cambio climático hace que parezca que el vínculo existe solo en la teoría o en los modelos informáticos.

Pero nuestro experimento actual, que inyecta rápidamente grandes cantidades de dióxido de carbono en la atmósfera, se ha llevado a cabo muchas veces en el pasado geológico, y nunca termina bien. Además de las proyecciones unánimes y aterradoras de los modelos climáticos, también tenemos un caso histórico de cambio climático provocado por el dióxido de carbono en el pasado geológico del planeta que estaríamos bien aconsejados para consultar. Estos eventos pueden ser instructivos, incluso diagnósticos, para nuestras crisis modernas, como el paciente que acude a su médico con dolores en el pecho después de un historial de ataques al corazón.

Pero existe el riesgo de llevar la analogía demasiado lejos: la Tierra ha sido muchos planetas diferentes a lo largo de su vida, y aunque en algunos aspectos sobresalientes y preocupantes nuestro planeta moderno y sus

Introducción

perspectivas futuras se hacen eco de algunos de los capítulos más aterradores de su historia, en muchos otras formas en que nuestras biocrisis modernas representan una interrupción única en la historia de la vida. Y afortunadamente, todavía tenemos tiempo. Aunque hemos demostrado ser una especie destructiva, no hemos producido nada ni siquiera cercano a los niveles de destrucción sin sentido y carnicería vistos en cataclismos planetarios anteriores. Estos son los peores escenarios absolutos. El epitafio de la humanidad aún no tiene que incluir la trágica acusación de haber tramado la sexta gran extinción masiva en la historia de la Tierra. En un mundo a veces escaso, esta es una buena noticia.

Como muchos niños, llegué temprano al tema de las extinciones masivas. Como hijo de un bibliotecario infantil, crecí en una casa que a menudo estaba llena de cajas de cartón con los libros sobrantes de la feria del libro más reciente. Tiranosaurios y cícadas saltaron de la página mientras me obsesionaba con los extraños nombres latinos y las criaturas aún más extrañas que describían.

En las últimas décadas, los geólogos han comenzado a completar los esbozos de las extinciones masivas de los

Introducción

Cinco Grandes con espantosos detalles, pero la historia ha eludido en gran medida la imaginación del público. Nuestra concepción de la historia tiende a retroceder solo unos pocos miles de años como máximo, y típicamente solo unos pocos cientos. Esta es una apreciación escandalosamente miope de lo que vino antes, como leer solo la última oración de un libro y pretender entender lo que hay en el resto de la biblioteca.

1

Los Inicios

Soy de Boston. Convenientemente, esto significa que es solo un corto viaje en ferry a través del puerto para ver lo que podrían ser algunos de los primeros fósiles de vida grande y compleja en la historia del planeta. Debajo de un puerto deportivo rodeado de condominios y la parafernalia de la modernidad de un centro comercial, hay una playa tachonada con las puntas oxidadas de algún muelle pasado. En el otro extremo de la playa abandonada, la marea baja revela bloques de antiguo lecho marino cubiertos de algas que descienden hacia el mar. Las rocas, del fondo del océano frente a la costa de un supercontinente cerca del Polo Sur, sobresalen no muy lejos de un estacionamiento. Tienen más de medio billón de años. Ninguna placa o marcador indica que hay algo particularmente interesante en ellos, pero al retirar los restos de algas se ven óvalos concéntricos, no más grandes que una moneda de veinticinco centavos, que perforan la superficie de la piedra.

Los modestos anillos en la roca podrían marcar la huella donde una criatura con forma de helecho y anclado al limo viscoso del fondo del océano en los albores de la vida compleja.

Aquí es donde comienza la historia. En un planeta que comparte nuestro nombre, pero eso es todo.

Es imposible comprender cuánto tiempo hace que estas criaturas llevaron sus extrañas vidas en el fondo marino de la Antártida en Boston. Es doblemente imposible comprender qué edad tiene el planeta, o qué tan insignificante es el papel que la humanidad ha jugado en él. Con su himno al "punto azul pálido", este hombre ayudó a ilustrar lo completamente abandonados que estamos en nuestro pequeño y remoto rincón del espacio. Pero estamos igualmente abandonados en el tiempo, en medio de eternidades comprensibles. Afortunadamente, los geólogos han ideado algunos trucos mentales para ayudarnos a asimilar nuestro lugar entre los eones. Uno de ellos involucra una analogía de pasos que es algo como lo siguiente: imagina que cada paso que das representa 100 años de historia. La simple presunción tiene implicaciones asombrosas.

Comencemos nuestra caminata; comenzaremos en el presente y regresaremos. Cuando levantas el talón no hay Internet, reaparece un tercio de los arrecifes de coral de la Tierra, las bombas atómicas se vuelven a ensamblar violentamente, se libran dos guerras mundiales (al revés), el resplandor eléctrico en el lado nocturno del planeta se extingue y cuando tu pie aterriza, el Imperio Otomano existe. Un paso. Después de veinte pasos, paseas junto a Jesús.

Unos pasos más adelante, las otras grandes religiones comienzan a desaparecer: primero el budismo, luego el zoroastrismo, luego el judaísmo, luego el hinduismo. Con cada pisada, los hitos culturales se vuelven más asombrosos. Desaparecen los primeros sistemas legales y la escritura, y luego, trágicamente, la cerveza. Después de sólo unas pocas docenas de pasos antes de que puedas llegar al final del bloque, toda la historia registrada se desvanece, toda la civilización humana está detrás de ti y existen mamuts lanudos. Eso fue fácil. Estiras las piernas y te preparas para lo que no podría ser una caminata mucho más larga. Tal vez sea un corto paseo a los dinosaurios, y un poco más lejos aún a los trilobites. Sin duda estarás en la formación de la tierra al atardecer.

De hecho, tendrías que seguir caminando 20 millas al día, todos los días, durante cuatro años para cubrir el resto de la historia del planeta. Claramente, la historia del planeta Tierra no es la historia del Homo sapiens. Casi toda esa caminata sería a través de un paisaje imponente sin vida compleja en absoluto. Ni en las profundidades del mar, ni en lo alto de las montañas, ni en los trópicos, ni en los interminables y áridos interiores graníticos de los continentes. Salvo por el viento y las olas, el nuestro fue un planeta silencioso en su mayor parte durante este preámbulo casi eterno de una vida animal. Esas primeras criaturas, estampadas en las rocas del puerto de Boston y en otros lugares, llegaron después de 4 mil millones de años en la Tierra sin nada en toda la faz del planeta más emocionante que la escoria del estanque. De hecho, los años entre 1,850 millones y 850 millones de años fueron tan tranquilos que incluso los geólogos se han referido a ellos como los "aburridos mil millones". Cuando un geólogo dice que algo es aburrido, muévase horrorizado.

A medida que buscamos vida alrededor de otros planetas, esto es algo a tener en cuenta: incluso la Tierra fue un páramo desolado durante el 90 por ciento de su historia. De hecho, uno de los únicos signos de vida en el registro de rocas durante miles de millones de años es la presencia de montículos aburridos de limo microbiano fosilizado. Luego, hace unos 635 millones de años, un pequeño susurro de vida compleja: las rocas encontradas en Omán contienen 24-isopropilcolestano, una bocanada de una sustancia química que hoy en día solo producen ciertas esponjas. Las esponjas se ocuparon de filtrar el mar y enterrar el carbono y, por lo tanto, pueden haber ventilado los océanos, haciendo posible una vida más compleja.

Luego, hace alrededor de 579 millones de años, durante el período Ediacaran, después de un período de glaciaciones globales casi esterilizantes (acertadamente llamado Bola de nieve Tierra), la botella de champán de la vida se descorchó y criaturas grandes y complejas finalmente, y bastante repentinamente, aparecen como fósiles en el fondo del océano antiguo.

Aunque esto sigue siendo una historia reciente en los 4,500 millones de años de vida del planeta, sigue siendo indescriptiblemente antiguo: más de 200 millones de años antes de que se ensamblara el supercontinente Pangea y más de 500 millones de años antes de que T-Rex. Y hace 579 millones de años, unos 579 millones de años antes de los humanos modernos, cuyos años en este planeta se miden en cientos de miles en lugar de millones. Incluso para los geólogos, estos abismos de tiempo profundo superan con creces todo entendimiento.

Las primeras criaturas simples que aparecieron de repente en el registro fósil probablemente no eran animales en absoluto. Y su reinado sería breve. De hecho, podrían haber soportado la primera extinción masiva de la historia, dejando solo sus formas crípticas en las rocas, sus vidas discernibles sólo a través de la poesía de los paleontólogos.

. . .

Al otro lado de los "páramos hiperoceánicos" azotados por el viento del sureste de Terranova, y no lejos de la solitaria estación de telégrafo que recogió las últimas señales de socorro del HMS Titanic, hay aún más grafitis fósiles dejados en viejas rocas oceánicas por estas pseudo-criaturas, ecos jeroglíficos de la vida en la perpetua medianoche del antiguo abismo.

Algunos de los fósiles de Terranova recuerdan hojas de helecho, plumeros y conos delgados, mientras que otros aparecen como grandes babosas segmentadas similares a Seuss o ciempiés hinchados. Parecen haber inventado una forma de vida, en su mayoría inmóvil, diferente a todo lo que existe hoy en día: absorbiendo lentamente la suciedad orgánica en los repugnantes mares de la tierra primordial a través de sus membranas. Pero esta forma de vida fue un intento fallido de vida en la tierra. Para la próxima era, todas estas criaturas se habrían ido.

Hace alrededor de 540 millones de años, el mundo Ediacarano fue destruido, barrido dramáticamente en el momento más importante de la historia de la evolución: la Explosión Cámbrica. Cuando esta espectacular supernova de la biología se detonó, el mundo de las criaturas de vida animal que se mueven y comen otros organismos para ganarse la vida nació verdaderamente.

Aunque hay susurros fósiles de un linaje animal emergente en la era sobria que vino antes, los mares turbios habían estado dominados hasta entonces por las pseudo-criaturas casi inertes y fractales del período Ediacárico. Todo eso cambió en los albores del Cámbrico. Los animales rápidamente se diversificaron y derrocaron esta extraña vida con una colección de vida aún más extraña. Aunque no ha sido incluida en las filas de las extinciones masivas canónicas de los Cinco Grandes, la Explosión del Cámbrico, contrariamente a la intuición, también podría haber marcado la primera muerte masiva de este tipo en la historia de la vida compleja.

Si las criaturas olvidadas del período Ediacárico en Terranova y en otros lugares parecen graffitis dejados por extraterrestres, entonces las extravagantes hormigas de la Explosión Cámbrica que las reemplazó parecen los mismos extraterrestres. De repente, los mares se llenaron de criaturas que serían difíciles de inventar durante el viaje de ácido más frenético; de hecho, un animal del Cámbrico incluso se llama Hallucigenia.

Otro, Opabinia, con cinco ojos y un extraño apéndice parecido a un brazo donde uno esperaría una boca, provocó carcajadas cuando se lo describió por primera vez en una reunión científica. Sus formas irreconocibles, ahora sepultadas en exhibiciones de museos y representadas tentadoramente en representaciones de artistas, son un recordatorio de que, aunque técnicamente todavía era "la Tierra", este planeta ha sido muchos mundos completamente diferentes durante su vida.

Algunos de estos experimentos con animales fueron solo experimentos. Y algunos experimentos fallan, para no ser reproducidos nunca más.

Otros tuvieron más éxito: en la extraña lista de criaturas de la Explosión Cámbrica hay un antepasado nuestro, tal vez el poco impresionante Metaspriggina de 2 pulgadas con forma de lanceta.

La aparición generalizada de animales a partir del período Cámbrico es tan asombrosamente abrupta en el registro fósil que su aparente espontaneidad preocupó a Darwin. El más de un siglo de investigación desde entonces ha demostrado que la explosión no fue tan instantánea, pero desde una perspectiva geológica fue sorprendentemente rápida. Las causas de la explosión todavía se debaten acaloradamente. Van desde un aumento del oxígeno en los océanos (posiblemente un producto de la vida misma), que habría respaldado los estilos de vida más enérgicos de los animales, hasta causas más especulativas, como la invención de la visión, que habría iluminado repentinamente el cero. Pero perdida en medio del bullicio de la Explosión Cámbrica está la triste historia del breve mundo que vino antes y cuyas formas misteriosas y olvidadas desaparecieron para siempre. Cuando la vida animal explotó, esas extrañas frondas carnosas en el fondo del océano y las criaturas hinchadas parecidas a babosas nunca se volverían a ver.

"Fue una extinción masiva que en última instancia fue causada por la evolución de nuevos comportamientos", dijo un paleontólogo de Vanderbilt y experto en ediacarano.

La desaparición del extraño mundo que precedió a la Explosión Cámbrica: un jardín zen de criaturas fractales desconocidas que se elevan desde el lecho marino y extrañas manchas acolchadas que abrazan las esteras microbianas ha sido durante mucho tiempo un misterio para los paleontólogos. Pero en 2015, unos colegas declararon que el caso sin resolver era una extinción masiva.

"Pensamos que las extinciones masivas requieren un factor abiótico: el impacto de un asteroide o un período de vulcanismo. Pero aquí hay pruebas sólidas de que los organismos biológicos que cambiaron su entorno impulsaron la extinción de vastas franjas de vida eucariota compleja. Creo que es una poderosa analogía de lo que estamos haciendo hoy".

Un nuevo comportamiento en particular parece haber sido responsable de gran parte de la interrupción: cavar madrigueras. Las extrañas criaturas geométricas de Terranova y otros lugares dependían de repugnantes mares turbios y ricos en materia orgánica, junto con fondos marinos pavimentados con estiércol microbiano intacto, para sobrevivir. Pero cuando estalló la Explosión Cámbrica y los animales heredaron la tierra, comenzaron a agitar el lecho marino. Para las extrañas manchas acolchadas del antiguo período ediacárico que se asentaban en el fondo y absorbían los nutrientes de las plácidas láminas de baba, esto era catastrófico. De hecho, las madrigueras en las rocas definen oficialmente el comienzo del período Cámbrico para los geólogos. Podrían haber sido dejados allí por los llamados gusanos pene (no es broma), que se agitaron a través del lecho marino primitivo y arruinaron el hábitat de Ediacara. Para los geólogos, las excavaciones marcan un cambio cualitativo en los estratos, separándolos de miles de millones de años de rocas no excavadas que vienen antes.

Y es un cambio quizás sin igual en el registro de rocas durante los siguientes 500 millones de años, hasta que los humanos comenzaron a dejar agujeros de millas de profundidad en las rocas, en busca de minerales y combustibles fósiles.

Los arribistas animales de la Explosión Cámbrica también comenzaron a filtrar los mares y liberar al lecho marino cada vez más carbono orgánico que había estado suspendido en la columna de agua. En otras palabras, empezaron a hacer caca.

. . .

Como resultado, las extrañas frondas fractales del período Ediacárico anterior quedaron repentinamente suspendidas en un mar espantosamente claro sin nada que comer.

La otra cara de la moneda de esta nueva colección de animales del Cámbrico que saca toda esta basura de carbono del agua y la entierra en el lecho marino podría haber sido un impulso aún mayor de oxígeno en el océano. Este impulso podría haber alimentado aún más la carrera armamentística de la innovación que luego se intensificó en los mares, dejando atrás a las pobres pseudocriaturas perezosas. Al ventilar los océanos, la vida animal estaba haciendo que el planeta fuera cada vez más habitable para más vida animal y provocaba experimentos cada vez más locos en biología. ¿Qué esperanza tenía una mancha acolchada o una fronda fractal sin movimiento en un mundo que se armaba con tentáculos, exoesqueletos y garras?

Existe un sentimiento, particularmente entre los no científicos, de que la idea de que los humanos perturben seriamente el planeta a escala geológica es mera arrogancia antropocéntrica. Pero este sentimiento malinterpreta la historia de la vida. En el pasado geológico, innovaciones aparentemente pequeñas han reorganizado la química del planeta, arrojándolo a cambios de fase drásticos.

Seguramente los humanos podrían ser tan importantes como los animales que se alimentan por filtración de la Explosión Cámbrica.

Al igual que los excavadores del Cámbrico que remodelaron el mundo de la estera microbiana para sus propios fines, los humanos han convertido la mitad de la superficie terrestre del planeta en tierras de cultivo. Incluso estamos empezando a cambiar la química del océano, acidificándolo con dióxido de carbono y volviendo anóxicas franjas enteras de las plataformas continentales con el diluvio de fertilizantes nitrogenados y fosforados que brotan de nuestras tierras agrícolas centrales. Y el vertiginoso arsenal de nuestra tecnología moderna es un salto en innovación quizás igualado en toda la historia de la vida solo por la erupción de la invención biológica en la Explosión Cámbrica. Por lo menos, no es exagerado pensar que podríamos ser tan importantes como los gusanos del pene.

La Explosión Cámbrica, aunque podría haber sido devastadora para las extrañas criaturas Ediacaranas que vinieron antes, fue inequívocamente algo bueno para la vida en la Tierra. Marcó el comienzo oficial de la administración de los animales sobre un planeta inmerso durante mucho tiempo en "los aburridos miles de millones".

Tal vez hoy el nuevo mundo tecnológico que hemos construido para nosotros mismos marque el comienzo de una transición epocal similar, y nos espera un nuevo eón que dentro de 10 millones de años nos parecerá tan extraño como el vertiginoso mundo animal del Cámbrico se lo habría parecido al mundo, criaturas lamentables que vinieron antes. O tal vez nuestras conmociones resulten menos auspiciosas para la humanidad, dejando atrás un mundo en ruinas: nuestro legado consiste solo en una larga convalecencia ambiental del exceso de civilización.

· · ·

En cuanto al período Cámbrico, su legado fue el tapiz de toda la vida animal, que se había desenrollado de algún ancestro olvidado. El planeta era ahora uno activo. La vida se arrastraba y nadaba y se espiaba a sí misma con ojos y quimiorreceptores. Las criaturas se mataban unas a otras y se comían unas a otras y se escondían aterrorizadas. Aunque no lo reconoceríamos en absoluto, este era ahora nuestro mundo, rojo de dientes y garras. Después de un prólogo de 4 mil millones de años que comenzó en fuego y terminó en la Tierra Bola de Nieve, el desfile de la vida animal había comenzado, y los próximos 500 millones de años serían los más interesantes con diferencia.

La Explosión Cámbrica podría recibir todo el crédito por el lanzamiento de la vida animal en la tierra, pero el océano del período Cámbrico permaneció empobrecido durante millones de años a medida que pulsos de agua anóxica se entrometían en las aguas poco profundas, acabando con especies tras especies en oleada tras oleada de extinciones.

Este extraño retraso de la vida que siguió a la Explosión Cámbrica se ha denominado siniestramente como el "Intervalo Cámbrico Muerto". Pero las edades oscuras terminaron cuando comenzó el subsiguiente período Ordovícico. Casi hasta su final, la próxima Era supervisaría una serie sin precedentes de buenos tiempos evolutivos.

El período Ordovícico sería una época desenfrenada para la vida en la tierra, con un auge increíble, como ningún otro en la historia de la tierra, seguido de un declive aún más increíble.

La era de las extinciones masivas había comenzado.

2

Extinción Masiva Del Ordovícico Final

Era viernes por la noche en la Universidad de Cincinnati, y el estadio de fútbol estaba a tope. Un grupo de estudiantes universitarios deambulaba borrachos por el campus oscuro, conducido hacia el faro de Jumbotrons y focos que se derramaban sobre las paredes del estadio. Deambularon más allá del edificio de física en las sombras, sin saber que, dentro de él, también se estaba llevando a cabo un ritual de viernes por la noche algo menos ruidoso. Al final de un pasillo tenuemente iluminado, las luces estaban encendidas, lo que solo podía significar una cosa: la reunión mensual de Dry Dredgers.

. . .

Aunque pueden sonar como una especie de masones fuera de marca, los Dry Dredgers, uno de los grupos de coleccionistas de fósiles aficionados más respetados del país, están abiertos a todos los interesados. El único requisito de membresía es una obsesión con el tiempo profundo.

Han estado meticulosamente "dragando" el área de Cincinnati para la vida marina antigua desde 1942 en excursiones de fin de semana de búsqueda de fósiles, con innumerables citas en artículos de paleontología para demostrarlo. Debido a que su base de operaciones está en el suroeste de Ohio, el grupo se asienta sobre un lecho rocoso hecho de un antiguo fondo marino oceánico, y se especializan en fósiles del período Ordovícico, un mundo extraño que duró desde hace 488 a 443 millones de años, y que terminó en una catástrofe.

El templado mundo ordovícico fue repentinamente destruido al final por una sorprendente edad de hielo y luego castigado nuevamente por una marea de mares nocivos. La extinción masiva resultante infligida por estos desgarradores cambios climáticos sería la segunda peor en la historia de la vida.

El Fin del Mundo y Extinciones

. . .

Al ver que mi entusiasmo por la paleontología comenzó donde comenzó la mayoría de la gente, es decir, el momento en que las cosas grandes y escamosas comenzaron a moverse pesadamente, apenas sabía nada sobre este planeta mucho más antiguo, uno que todavía estaba casi completamente vacío de vida en la tierra. y permanecería así durante casi 100 millones de años. Pero el nuestro siempre ha sido ante todo un planeta oceánico, y no faltaba acción debajo de las olas en el Ordovícico. Así que vine a los mares de Cincinnati para una presentación.

"Vaya, todos están mostrando y contando esta noche", dijo el presidente de Dry Dredgers, antes de que se iniciara la reunión.

Sus miembros se arremolinaban, mostrando su botín del campo y mirando dentro de las cajas de zapatos de los demás, llenas de criaturas petrificadas rescatadas a lo largo de los caminos o en viejos barrios desde la reunión del último mes. Los aficionados incondicionales de la ciudad de todo el Medio Oeste intercambiaron historias de guerra sobre el coleccionismo desde su última reunión. Se compadecieron de los yacimientos de fósiles perdidos, cerrados por empresas mineras de fosfato o arrasados por subdivisiones suburbanas.

Es un lamento común entre los rockhounds. Pocos promotores inmobiliarios saben o se preocupan por los fósiles que se interponen en el camino de su próximo callejón sin salida, y la mayoría de los estadounidenses no tienen idea de que la fina capa de civilización, con sus centros comerciales, aceras y parches de césped debidamente irrigados, en su mayoría se asienta sobre un inframundo insondable de fósiles. Esta realidad podría ser más difícil de evitar en el área de Cincinnati, que se encuentra sobre una gigantesca mezcla de antigua vida marina tropical que literalmente se derrama por los costados de las carreteras. El área, que incluye el vecino norte de Kentucky y el sureste de Indiana, ha sido llamada una de "las regiones más ricas en fósiles de América del Norte, si no del mundo entero", y ha sido un imán para los paleontólogos durante casi 200 años. La ciudad es tan rica en fósiles que incluso tiene una parte de la historia de la tierra que lleva su nombre: Cincinnatian.

. . .

Después de mostrar y contar, los miembros tomaron sus asientos. Era una multitud decididamente mayor, muchos de los cuales parecían tener más que un interés académico en los detalles de la fosilización.

La conferencia de esa noche fue cortesía de un maestro de ciencias de la escuela secundaria de Illinois y compañero de búsqueda de fósiles del paleozoico que defendió una oscura línea de filtradores acechados que surgieron durante el Ordovícico.

"Cuando hablas de blastoides, tienes que hablar de pentremitas", dijo. Miré a mi alrededor mientras el grupo asentía, respaldando la colaboración de estos sustantivos desconocidos. "Pero, por mucho, mis favoritos son los diploblastos".

Ante los "ooh" audibles de la audiencia, mostró una diapositiva en el retroproyector de una ambigua chuchería fosilizada.

. . .

"Aquí está Tricoelocrinus woodmani (no hay traducción al español pero es una especie de fósil)", dijo.

"El Rolls-Royce de los blastoides". El hombre que estaba sentado frente a mí vestía una camiseta con la inscripción solemne no de una cita inspiradora, sino del texto de la proclamación de la alcaldía de que el fósil oficial de Cincinnati sería Isorophus cincinnatiensis, un pariente extremadamente lejano de las estrellas de mar que vivió hace más de 400 años. hace millones de años Estos tipos eran aficionados solo de nombre.

Al final de la noche, Kallmeyer repartió el itinerario del fin de semana: nos uniríamos a la Sociedad Paleontológica de Kentucky a la mañana siguiente y luego nos haríamos a la mar.

Con los ojos nublados, me uní a un convoy de autos justo fuera de la ciudad al día siguiente. La primera parada, escondida al final de una vía de servicio, era una ladera expuesta de capas de roca gris, del mismo tipo que se eleva a los lados de las carreteras locales. Después de que correteamos por los acantilados, una inspección más cercana de las rocas reveló que las losas rotas del afloramiento apenas eran rocas, sino una amalgama cementada de conchas marinas y esqueletos ramificados de antiguas criaturas marinas. Parecía como si alguien hubiera llevado un pico a un arrecife de coral. Aquí, literalmente no había rocas que no fueran fósiles. Estábamos a 50 pies de profundidad en el fondo del mar, al sur del ecuador, hace 450 millones de años. Las rocas contaban la historia de un planeta alienígena que tenía inquietantemente poco que ver con el mundo de arriba. Con la boca abierta, de repente entendí las peculiares obsesiones de las Dragas Secas.

El mundo ordovícico también se conoce como el "Mar sin peces". Pero había peces, incluso en el Ordovícico. Éstos eran nuestros antepasados: sin importancia, pequeños y de aspecto extraño: un grupo de alhelíes en gran parte sin mandíbula junto a los principales depredadores de los océanos. Estos gobernantes del Ordovícico eran monstruos sin columna vertebral, "cosas que se arrastran que se arrastran": un enjambre de conchas, tennas y tentáculos.

. . .

Para llegar a una extinción masiva, primero necesitas víctimas.

Caminar por el costado de la autopista en las afueras de Cincinnati es un buen lugar para comenzar, como cualquier otro, para conocer este mundo que finalmente se llevó la primera matanza global de vida animal del planeta. Al ver una roca inusual, aparté unas botellas de licor de plástico y las saqué de entre los escombros. La criatura fosilizada estaba acurrucada en una bola, congelada por el miedo y congelada para siempre en piedra.

"Flexicalymene meeki", me dijo un miembro de la junta de Dry Dredger, mientras lo sostenía hacia el sol.

"No hay fallas en eso", dijo. "Es perfecto."

Imitando las palabras que había escuchado a los veteranos sabuesos usar a mi alrededor ese día, asentí pensativamente y proclamé: "Increíble conservación".

. . .

Algunas dragas secas se quejaron de mi suerte de principiante.

Era un trilobita, ese elemento básico del diorama de historia natural, y parte de un grupo de criaturas que soportarían un golpe mortal aquí al final del Ordovícico. Los trilobites, que se asemejan vagamente al hijo amado de un acordeón y un cangrejo herradura (el animal vivo con el que están más estrechamente relacionados), sirven como la mascota de la era Paleozoica, al igual que los dinosaurios para el Mesozoico, y los mamíferos hacer para el Cenozoico. El trilobite es una criatura incomprendida. El estereotipo es el de un Roomba bentónico recorriendo sin pensar el lecho marino durante cientos de millones de años.

Y había muchos trilobites tan aburridos que moraban en el fondo que se arrastraban entre los corales cuerno y las esponjas del fondo del océano. Pero en el Ordovician también había trilobites que nadaban libremente, deslizándose por mar abierto. Algunos lucían los últimos ojos saltones, empequeñeciendo el resto de sus cuerpos, mientras que otros tenían forma de relojes de arena y otros más como torpedos. Algunos desafían la descripción fácil: ampyx, por ejemplo, tenía escudos en la cabeza decorados con largas púas, apuntando hacia adelante y hacia atrás. Incluso hubo grandes trilobites carnívoros que nadaban libremente en el Ordovícico con cabezas aerodinámicas que se han descrito como similares a "algunos tiburones pequeños y modernos". Otras extinciones masivas podrían haber tenido más víctimas carismáticas, pero al igual que el final del Cretácico tuvo al Tyrannosaurus rex, el dinosaurio más temido de todos los tiempos, ver un asteroide estrellarse contra la Tierra, el Ordovícico tuvo al Isotelus rex, el trilobite más grande que haya existido, como testigo del día del juicio final. Con poco menos de 3 pies de largo, este "gigante" ciertamente inspira menos que el terror mortal, pero era gigantesco para los estándares de los trilobites. El formidable Isotelus rex no sobrevivió a la extinción masiva dovícica de End-Or.

"¿De qué tenía miedo?" Pregunté por mi fósil en pánico. "Cefalópodos", dijo el miembro siniestramente. "Euriptéridos".

Es una pena que estos animales no tengan mejores nombres.

. . .

Los euriptéridos también se conocen como "escorpiones marinos", y algunos eran enormes, con exoesqueletos aerodinámicos y caparazones que albergaban un ramo de apéndices colgantes de ciencia ficción.

En 2015, los científicos que trabajaban en los mares ordovícicos de Iowa encontraron una de esas bestias parecidas a insectos del tamaño de un humano.

En cuanto a los cefalópodos, a unos metros de mi trilobita se encontraba el caparazón cónico con cámara de uno de estos animales, uno que podría haber enviado a mi fósil a su pose de muerte eterna. Hoy en día, los cefalópodos incluyen ampliamente pulpos, calamares, sepias y nautilos (que pueden rastrear su linaje hasta el Ordovícico). Antes del Ordovícico, crecían solo un par de pulgadas como máximo, pero ahora incluían animales asombrosos como Cameroceras, que estaba alojado en un caparazón cónico que se extendía casi 20 pies de largo.

. . .

Las reconstrucciones del museo del animal se parecen a un pulpo. atascado en un cono de helado del tamaño de un autobús. Pero para los trilobites, no había nada ridículo en la presencia de estos acorazados flotando a pulgadas sobre el lecho marino, tentáculos siempre buscando en el lodo. En su apogeo ordovícico, estos nautiloides de primera categoría sumaban casi 300 especies. Pero cuando cayó el hacha de extinción, quedaron más que diezmados: el cataclismo acabó con el 80 por ciento de sus filas.

Sabemos que los cefalópodos modernos, como el pulpo y la sepia, son terriblemente inteligentes, aunque con un intelecto extraño que se desarrolló a lo largo de una trayectoria completamente diferente a la nuestra; sus cerebros casi no se parecen a nada que se encuentre en nuestro lado del árbol genealógico.

A pesar de ser moluscos, en el mismo grupo que las criaturas insensibles como las ostras y las almejas (que no requieren ninguna consideración ética antes de tragarlas enteras), hoy en día se observa a los pulpos usando herramientas, actuando de forma pasivo-agresiva con sus cuidadores del acuario y, lo que es más dudoso, picando Juegos de fútbol de la Copa del Mundo. Quizás estos primeros grandes cefalópodos entre los arrecifes del Paleozoico marcan las primeras chispas de la conciencia subjetiva, los comienzos de la conciencia. Quizás toda la realidad física se había desarrollado en los miles de millones de años desde la creación sin que nadie lo notara hasta que la vida surgió en esos extraños mares poco profundos sobre Cincinnati y otros lugares. Por supuesto, todo esto es pura especulación, pero es divertido.

Los fósiles de trilobites y cefalópodos a lo largo del camino estaban incrustados en montones de conchas marinas aún más fósiles. Rápidamente descubrí que las conchas eran tan comunes y ubicuas que se consideraban demasiado mundanas para coleccionarlas.

Estos eran los braquiópodos, gusanos marinos que no tenían ninguna relación con las vieiras y las almejas a las que se parecen, y se tomaron la molestia de desarrollar sus caparazones por su cuenta.

. . .

Las criaturas estaban en una forma tan notable que parecían haber llegado a la costa solo unos días antes... excepto que estábamos en el medio del continente en un carril de avería junto a un centro comercial, las conchas estaban hechas de piedra y eran más 200 millones de años más viejo que los dinosaurios. También se veían más góticas que cualquier concha marina que hubiera visto: sus dos mitades se entrelazaban irregularmente, como trampas para osos: otras tenían un aspecto Art Nouveau más elegante y agradable, como el toldo de una estación de metro de París, y otras se parecían a las de una geisha. ventilador. Aunque hay animales más emocionantes en el Ordovícico que los braquiópodos, no hay ninguno más fácil de encontrar por puñados. Absolutamente allanaron los fondos marinos de la vieja tierra, pero serían salvajemente sacrificados por la extinción masiva.

Saqué otra roca peculiar del lecho marino del medio oeste y se la mostré a una draga seca. El hombre, que lucía una espesa barba canosa y un pañuelo y parecía como si se hubiera sentido más a gusto en una pandilla de motociclistas, me quitó el fósil y sacó una lupa.

. . .

"Oh, eso es una letrita", dijo bruscamente. "¿Es bueno eso?" Yo pregunté. "Déjala ahí mismo", dijo, tirándola al piso. Estaba más emocionado por una losa que encontré cubierta con las huellas de lo que parecían pequeñas hojas de sierra.

"Graptolitos", dijo, con los ojos muy abiertos. Los adornos de dientes de sierra habían sido construidos por pequeños animales extraños que vivían atados juntos en una especie de casa de grupo pelágico.

Podrían haberse movido a través del océano remando al unísono. Y se extendieron por la tierra antes de ser casi borrados por la extinción masiva.

Este era el mundo del Ordovícico: un extraño mundo marino lleno de invertebrados que en su mayor parte compensan con un encanto alienígena lo que les falta en la ostentación de gran tamaño del T- Rex. El mundo que habitaban estos animales era, en cierto modo, una versión del nuestro, pero también estaba tan transformado por los eones intermedios que apenas era reconocible.

. . .

Durante el Ordovícico, un vasto mar tropical cubría la mayor parte de la actual América del Norte, en la mayoría de los lugares quizás no mucho más que los tobillos o las rodillas. Al sumergirse en el agua en una playa tropical de arena en Wisconsin, podría seguir caminando penosamente a través de la mayor parte del continente con la cabeza fuera del agua antes de que el lecho marino se hundiera en las profundidades en algún lugar alrededor de Texas. Esta vasta provincia poco profunda ha sido apodada con gran pompa el Gran Banco de Carbonato de Estados Unidos, una Bahamas nacional. Los niveles del mar eran posiblemente los más altos en la historia de la vida compleja, y los mares poco profundos que inundaban los continentes estaban repletos de vida. América del Norte inundada se giró en el sentido de las agujas del reloj casi 90 grados, California y toda la Costa Oeste simplemente no existían, y partes de Nueva Inglaterra, las Islas Marítimas Canadienses, Inglaterra y Gales, recientemente divorciadas de África cerca del Polo Sur, estaba una cadena de islas llamada Avalonia no muy diferente del Japón moderno.

. . .

Avalonia estaba entonces muy lejos del resto de América del Norte, al otro lado del condenado océano Iapetus, el antepasado del Atlántico.

Cincinnati ofrece solo una ventana al mundo marino del Ordovícico. Existen cultivos similares en casi todos los continentes; incluso se han encontrado algunos trilobites en la cima del Monte Everest. Toda la zona de muerte del pico más alto del mundo está plagada no solo de esqueletos vestidos con llamativas parkas fluorescentes de temporadas de escalada pasadas, sino también de fósiles mucho más antiguos: los de trilobites ordovícicos y lirios marinos. La antigua vida marina fue empujada al punto más alto de la Tierra por la colisión geológicamente reciente de India y Asia.

Más cerca de Cincinnati durante el Ordovícico, 300 millas al sur, una explosión de escopeta de islas volcánicas estaba chocando con lo que eventualmente se convertiría en el extremo este de América del Norte. Este cacharro estaba dando a luz a los Apalaches, que una vez se alzaron tan altos como los Alpes sobre el continente sumergido. Mientras tanto, Kazajstán, Siberia y el norte de China se alejaban mar adentro como balsas isleñas solitarias, muchas de ellas cubiertas por sus propios océanos poco profundos. Microcontinentes y archipiélagos como estos cubrían los mares. Debería estar claro ahora que es casi imposible distinguir los contornos de nuestro propio mundo entrecerrando los ojos en esta geografía primigenia.

Si aún no está completamente desorientado, al otro lado del mar, América del Sur estaba al revés y contigua a África, así como a Australia, India, Arabia y la Antártida.

Juntas formaron un supercontinente llamado Gondwana que se desplazaba sobre el Polo Sur. En las reconstrucciones de los artistas, los continentes a menudo se muestran como piezas de un rompecabezas que encajan entre sí. Esto no está del todo bien. Gondwana era un continente sólido que solo más tarde fue hecho pedazos por procesos en las profundidades de la tierra. Pero como me dijo un geólogo, al igual que la violencia armada, las ETS y las guerras mundiales, los límites tectónicos tienden a romperse en los mismos lugares.

. . .

Mientras que los continentes estaban inundados por alta mar, la tierra seca que existía, como la de Canadá tropical, Groenlandia y los páramos antárticos del supercontinente sur, era una vista de roca estéril tan atractiva como la señal del rover Mars Curiosity de la NASA. Aquí, en los continentes escarpados y desnudos, no había insectos zumbantes, ni huellas, ni árboles, ni arbustos, nada. La vida en tierra quedó relegada a unos pocos parches húmedos de hepáticas que abrazaban la orilla. Más hacia el interior había un páramo infinitamente desolado y polvoriento. Esto fue hace tanto tiempo que los ríos ni siquiera serpenteaban todavía; las raíces de las plantas que habrían contenido sus orillas no existirían durante decenas de millones de años. El día duró 20 horas y el cielo nocturno estaba lleno de constelaciones desconocidas. El dióxido de carbono era mucho más abundante en la atmósfera que en la actualidad, atrapando el calor y compensando el sol ligeramente más tenue que colgaba pálidamente en el cielo, manteniendo gran parte del mundo templado y en su mayor parte libre de hielo.

Hoy gran parte de la masa terrestre del planeta se encuentra en el hemisferio norte, pero en el Ordovícico casi toda la parte superior del globo era un vasto océano. En el fondo de estos interminables mares abiertos, el oxígeno escaseaba. En cambio, gran parte del mundo viviente estaba atascado en los mares poco profundos de los continentes y dominado por bichos submarinos. Pero como se indicó, este mundo estaba condenado. En los momentos finales del Ordovícico, el 85 por ciento de la vida en la Tierra desaparecería.

Si la extinción masiva al final de la Era Ordivicica fue extremo, coronó lo que había sido un florecimiento de buenos tiempos casi igualmente extremo: un florecimiento de la vida de 40 millones de años, como nunca antes o después. Este fue el Gran Evento de Biodiversificación del Ordovícico, la mayor expansión de la biodiversidad en la historia del planeta. En un lapso de solo 10 millones de años, el número de especies en el planeta se triplicó. Los arrecifes comenzaron a crecer en niveles y complejidad, las larvas salieron a la superficie de las aguas para evitar el guante de tentáculos en el fondo marino, y los animales comenzaron a excavar más profundo en el lodo para evitar la amenaza de monstruos parecidos a calamares y escorpiones marinos gigantes. Cuando los geólogos quieren que usted sepa que un evento poco apreciado en la historia de la tierra es realmente importante, lo telegrafían con un título apropiadamente grandioso, lo escriben con mayúscula y agregan un "Grande" en buena medida. Pero tal vez conscientes de que las palabras "Biodiversificación del Ordovícico" no inspiran exactamente asombro en el público en general, algunos incluso han intentado cambiar el nombre del Gran Evento de Biodiversificación del Ordovícico como "El Big Bang de la Diversidad".

Lo que impulsó la gran Diversidad del Big Bang es el tipo de pregunta de vanguardia que produce doctorados en serie. Una vez más, el oxígeno podría haber tenido algo que ver con eso. Aunque los mares todavía eran sofocantes según los estándares modernos, hay indicios de una creciente oxigenación durante todo el período. Esto podría haber sido producto de la vida misma, que enterró cada vez más carbono en el lecho marino, tal vez en forma de enormes floraciones de algas. La otra cara de la moneda de enterrar el carbono orgánico es aumentar el oxígeno; a lo largo de la historia de la vida, el aumento de los niveles de oxígeno ha estimulado repetidamente innovaciones y experimentos que marcan época, como la vida animal o, como veremos más adelante, bichos terriblemente grandes. En el Ordovícico, sin embargo, la vida podría haber estado haciendo que el mundo se acomodara cada vez más para que floreciera más vida.

Luego estaban las muchas islas esparcidas por todo el mundo en el Ordovícico, cuyos mares aislados y poco profundos servían como incubadoras de diversidad. Hay una razón por la cual la evolución fue descubierta por primera vez en las islas de Galápagos por Charles Darwin, y de forma independiente en el archipiélago malayo por Alfred Russel Wallace: las islas impulsan la biodiversidad al separar a las poblaciones, lo que les permite seguir sus propias historias evolutivas y, en última instancia, crear nuevas especies. De hecho, la configuración del planeta en el Ordovícico, con continentes insulares esparcidos por los trópicos y subtrópicos, podría haber servido como una especie de Galápagos.

Algunos incluso han especulado que la gran Diversidad del Big Bang se debe a una gran colisión en el espacio exterior hace 470 millones de años. La soledad se extiende entre Marte y Júpiter, una catástrofe sin sonido destruyó un asteroide de más de 100 kilómetros de tamaño, enviando fragmentos del naufragio girando alrededor del sistema solar. Fue la ruptura de asteroides más grande en miles de millones de años.

Durante unos pocos millones de años después, la Tierra absorbió las consecuencias dispersas de esta colisión en una lluvia de meteoritos. Los meteoritos pueden ser más famosos en geología como agentes de destrucción sin sentido (como al final de la era de los dinosaurios), pero un artículo científico de Geo Naturaleza de 2008 argumentó que este aluvión de rocas más pequeñas en el Ordovícico podría haber sido algo bueno, electrificando la biodiversidad. interrumpiendo comunidades serias, limpiando el ecoespacio y, en general, sacudiendo las cosas. El enorme escorpión de mar encontrado en Iowa fue descubierto viviendo en las ruinas acuosas de uno de esos cráteres que datan de hace unos 470 millones de años. Otros cráteres de época similar se encuentran en Oklahoma, en Wisconsin y en las Islas Slate en el Lago Superior. En todo el mundo, los materiales de meteoritos en Suecia, Rusia y China datan de manera similar de hace unos 470 millones de años.

Pero nuevamente, estos asteroides arrojaron al Ordovícico durante el mejor de los tiempos. Incluso hoy en día, la mayoría de los meteoritos terrestres provienen del enjambre de escombros creado por esta masiva colisión primigenia. De hecho, según New Scientist, el único caso confirmado de alguien que haya sido golpeado por un meteorito, un niño en Uganda en 1992, fue de un fragmento de este naufragio del Ordovícico.

Los impactos de meteoritos no fueron los únicos golpes que recibió este mundo alienígena durante sus años dorados. Hubo algo de caos local en el Ordovícico también, mucho antes de la extinción masiva. En el suroeste de Wisconsin, el mosaico ondulante de las granjas lecheras se ve interrumpido por un corte en el terreno donde la autopista 151 atraviesa el lecho rocoso. Aquí, la dinamita de los constructores de carreteras reveló un tiramisú de roca antigua que ahora se eleva sobre la carretera.

Me uní a un grupo de geólogos en un viaje de campo a este corte de carretera de Wisconsin. Caminábamos por el costado de la carretera golpeados por el turbulento silbido de los camiones con remolque que pasaban, estirando el cuello hacia la pared rayada. En su base, un revoltijo de caparazones de braquiópodos se derramó sobre la maleza y se mezcló con vasos de espuma de poliestireno. Más arriba en la pared, las malas hierbas se afianzaron a lo largo de dos delgadas bandas que cortaban la roca del océano. Estas eran antiguas capas de ceniza, transmutadas en arcilla después de una eternidad en el suelo. La ceniza era volcánica, de algunas de las mayores explosiones volcánicas en la historia de la vida compleja.

Las erupciones volcánicas catastróficas que han ocurrido en la historia humana reciente, como Krakatoa o Vesubio, fueron eructos patéticos en comparación con las explosiones ordovícicas que cubrieron el mundo antiguo en cenizas.

Las capas de ceniza se espesan dramáticamente hacia el sureste de los Estados Unidos, lo que indica que los monstruosos volcanes acechaban quizás en algún lugar de la costa de Carolina del Sur; allí, una línea de islas furiosas se precipitaba hacia el borde de América del Norte, masticando vorazmente el fondo del océano debajo de él y explotando a medida que avanzaban. A lo largo de los siglos, la caída de ceniza cataclísmica se convirtió en bentonita, una arcilla extraída para su uso en la extracción de petróleo y laxantes. Un geólogo en nuestro viaje recogió un trozo de arcilla del acantilado junto a la carretera, se la metió en la boca e hizo una mueca, explicando que la bentonita se podía reconocer por su consistencia, que era algo así como pasta de dientes menos, aparentemente, la frescura de la menta.

Al otro lado del océano, se registran lechos de ceniza volcánica similares en toda Europa. Las explosiones volcánicas gigantescas deben haber parecido localmente apocalípticas; habrían sido tan poderosos que incluso se habrían escuchado en todo el planeta. Pero en lo que se refiere al registro fósil, y para sorpresa de los paleontólogos, estos megavolcanes ordovícicos apenas tuvieron ningún efecto sobre la vida. No solo no tuvieron ningún efecto, sino que, de hecho, detonaron durante el apogeo de la Diversidad del Big Bang, unos 10 millones de años antes de que ocurriera la extinción masiva. Aparentemente, el planeta puede soportar uno o dos golpes tremendos con buen humor. Debe hacer falta algo realmente espantoso para derribarlo. Las erupciones continuarían hasta la extinción cuando, curiosamente, los lechos de ceniza en el registro fósil se desvanecen y los volcanes se calman. Sin embargo, hasta esa quietud, el Ordovícico fue uno de los períodos más explosivos de la historia de la tierra.

Que el período de biodiversificación más impactante en la historia de la vida tuvo lugar al mismo tiempo que el planeta estaba siendo acribillado por meteoros y desatando algunas de sus explosiones volcánicas más poderosas es un testimonio de la resistencia del mundo viviente. Esta confluencia podría incluso indicar que una pequeña perturbación es algo bueno para la vida. Pero el final del Ordovícico demuestra que una gran perturbación puede ser algo muy malo. La vida estaba en su punto máximo como nunca antes en el Ordovícico tardío. Luego, de repente, se vio afectado por la extinción.

"El tiempo de Cincinnatian fue significativo en la historia de la vida como una Edad de Oro de la diversificación evolutiva justo antes de una gran crisis de extinción masiva", escribe un geólogo. "Sobrevivieron pocas o ninguna especie fósil encontrada en los estratos de Cincinnatian".

. . .

Los peculiares trilobites, los cefalópodos nautiloides, los braquiópodos, los graptolitos: nada de lo que encontré al costado de esa carretera del medio oeste escaparía a la angustiosa guadaña de la extinción masiva.

¿Entonces qué pasó?

Las Dragas Secas no recogen fósiles de finales del Ordovícico.

No es una política peculiar del club. No hay rocas oceánicas para recolectar en Ohio desde el final del período Ordovician, porque el océano se drenó repentinamente del Medio Oeste, dejando a este mundo marino poco profundo sin aliento.

Conocí a otro geólogo en el esqueleto de Tyrannosaurus rex en el Museo de Paleontología de UC Berkeley, posiblemente la mascota más famosa de la extinción masiva. Estuve allí para hablar con él sobre un Armagedón que sucedió casi 400 millones de años antes del encuentro balístico del tiranosaurio rex con el sistema solar. El junto con otras personas han estado armando lentamente la historia de la extinción masiva del Ordovícico Final con equipos de laboratorio y programas de computadora en las oficinas de la universidad, así como con martillos para rocas y equipo de campamento en medio de la nada.

Él es entusiasta, cortantemente inteligente y casi compulsivamente divertido. Bromistamente, lamenta que los fósiles de la mitad oriental de América del Norte estén cubiertos en su mayoría por "residuos fotosintéticos" (es decir, plantas y árboles), y en las borracheras horas posteriores a las conferencias de geología, regala a sus colegas historias de chiflados aficionados que se presentan en las puertas de su departamento con hallazgos excéntricos, aunque dudosos, de fósiles del área metropolitana de San Francisco.

Yo había venido a Berkeley para hurgar en su cerebro sobre una charla que le había oído dar en una conferencia en Vancouver a principios de ese año. Había reflexionado sobre las posibles causas de la extinción del Ordovícico Final, que había estado extrayendo de las rocas con la ayuda de una variedad de algoritmos y programas informáticos de aprendizaje automático con nombres como "modelos de aumento de gradiente" y "logis multinomial regresiones de tic".

Claramente, el estereotipo del paleontólogo como un viejo científico mohoso que desempolva huesos en algún rincón olvidado de un museo de historia natural necesita una actualización.

En la charla de Vancouver, él había recitado las muchas causas que se han propuesto de diversas formas para la extinción masiva del final del Ordovícico, que acabó con hasta el 85 por ciento de la vida animal en la Tierra hace casi 500 millones de años.

Evaluó los muchos posibles asesinos, indicios de los cuales se esconden en el registro fósil y en rocas antiguas que se extienden por todo el mundo. Un presunto asesino fue objeto de su burla especial. "¡Y luego está la hipótesis del estallido de rayos gamma!" Él había dicho grandiosamente "Del cual hace mucho tiempo que no oigo hablar, pero aún está activo en internet" La audiencia de geólogos había estallado en una risa cómplice.

La triste verdad es que casi nadie fuera de un pequeño gremio de paleontólogos de invertebrados (y algunas compañías petroleras) se preocupa en absoluto por el período Ordovícico.

Cuando los periodistas se dignan mencionar este tramo de 50 millones de años de la historia de la tierra, generalmente solo sirven como un nombre propio lo suficientemente oscuro como para dar peso retórico a una emocionante idea de la ciencia pop que prácticamente nadie en la comunidad paleontológica se toma en serio.

Los estallidos de rayos gamma son los estallidos de radiación más potentes que se conocen en el universo. Se cree que se generan cuando estrellas extremadamente grandes colapsan violentamente en agujeros negros, disparando chorros de radiación de rayos mortales desde sus polos que, en solo unos segundos visible a través del universo. Obviamente, cualquier planeta en el camino de una de estas explosiones esterilizantes sería tostado a corta distancia, y la posibilidad de que uno golpee el planeta es un escenario innegablemente atractivo para la extinción masiva. Además, la idea del campo izquierdo de que un asteroide mató a los dinosaurios alguna vez fue considerada herética por los paleontólogos, por lo que tal vez la idea de que una explosión paralizante del más allá acabó con el mundo ordovícico, una idea que flotaron por primera vez los astrónomos de la Universidad de Kansas en 2003.

Pero determinar si un estallido de rayos gamma golpeó realmente nuestro planeta en el pasado antiguo es casi imposible.

La teoría hace al menos una predicción: que la extinción sería mucho peor en el hemisferio del planeta que enfrenta la explosión cósmica que en el lado opuesto, protegido por el resto de la tierra. Desafortunadamente para los defensores del estallido de rayos gamma, no existe tal señal de extinción del Ordovícico, con la vida fósil en un solo lado del globo siendo masacrada. Desafortunadamente para la vida en la Tierra, la extinción masiva fue un fenómeno verdaderamente global.

. . .

Un estallido de rayos gamma también infligiría una destrucción geológicamente instantánea de la biosfera, pero la extinción del Ordovícico Final se llevó a cabo en dos pulsos discretos de extinción separados por cientos de miles de años. Sin embargo, por alguna razón, los estallidos de rayos gamma se mencionan en casi todos los relatos de la prensa popular que se molestan en mencionar la extinción masiva del Ordovícico Final. Todos los geólogos y paleontólogos a los que pregunté descartaron rápidamente la idea, pero no sin antes registrar una leve molestia por su persistencia zombi en los medios.

Si bien no hay evidencia de un rayo de la muerte del espacio exterior, hay mucha evidencia de otros cataclismos más cerca de casa.

Para entender este impensablemente remoto capítulo del pasado de la Tierra y el amargo final del Ordovícico, primero tenemos que hacer un breve recorrido cientos de millones de años hacia adelante en el tiempo, hasta nuestro propio ayer geológico. No hace mucho tiempo, el hemisferio norte estaba cubierto de hielo y el nivel del mar era 400 pies más bajo que en la actualidad. En este momento, lejos de la costa en el fondo del Océano Atlántico, los petirrojos marinos y el bacalao tienden a los cementerios de mastodontes y mamuts lanudos.

Sus colmillos son extraídos por dragas de vieiras en George's Bank y en el Golfo de Maine. Aunque se encuentran en el fondo del océano, estos no eran mamuts anfibios. En cambio, vagaron por una vasta llanura costera en lo que era la plataforma continental seca del Atlántico antes de que las grandes capas de hielo se derritieran y elevaran los mares cientos de pies.

Los cañones submarinos ahora llenos de vida marina eran ríos y estuarios escénicos que atravesaban el lecho marino seco, y todo esto fue hace solo un par de cientos de generaciones humanas esencialmente ahora desde un punto de vista geológico.

De los 4,500 millones de años de existencia de la tierra, los 2,6 millones más recientes han sido una era relativamente atípica de hielo: enormes reservas de agua de la tierra se han encerrado en los casquetes polares y las capas de hielo. Esta es la edad de hielo de la imaginación popular sobre la que hacen películas infantiles animadas. Pero no fue la primera, o única, edad de hielo en la historia del planeta.

Sorprendentemente, nuestra edad de hielo, que una vez albergó mamuts lanudos y gatos con dientes de sable, no ha terminado; está solo en el recreo. Actualmente estamos en uno de estos breves respiros del frío, pero los interglaciales no suelen durar mucho. Todo esto es causado por el bamboleo periódico del planeta en el espacio y los cambios rítmicos en su órbita, que empujan al planeta dentro y fuera de la luz del sol, bloqueando alternativamente gran parte del hemisferio norte en hielo y luego descongelándolo una y otra vez como un metrónomo geológico. Los deshielos suelen durar menos de 10,000 años antes de que las grandes capas de hielo de los polos comiencen a avanzar sobre los continentes una vez más, haciendo que los mares se desplomen cientos de metros.

Ha habido al menos veinte intervalos tan agradables como el nuestro esparcidos a lo largo de los últimos millones de años de nuestra edad de hielo.

Pero a diferencia de los muchos interglaciares cálidos anteriores, la civilización y toda la historia humana registrada, surgió durante este. Nuestros pocos milenios de sol han terminado, y si no fuera por nosotros, podríamos estar casi listos para dejar este agradable pequeño interregno y saltar de nuevo en el continuo congelamiento profundo del Pleistoceno durante 100,000 años muy fríos.

La evidencia de una glaciación masiva al final del Ordovícico es sorprendente. Hasta este clímax helado (se ha pensado durante mucho tiempo), este era un mundo cálido, con dióxido de carbono atmosférico quizás ocho veces más alto que el actual. Sin embargo, la evidencia más reciente apunta a un planeta que, de hecho, se estaba enfriando en los últimos millones de años del Ordovícico. Pero en el extremo amargo, los glaciares se hincharon repentinamente en el África antártica y robaron el agua del océano, bajando el nivel del mar en más de 300 pies. Esto explica la desaparición del registro fósil en los mares poco profundos de Cincinnati y puede contribuir en gran medida a explicar la extinción misma.

. . .

Hoy, la preocupación es acerca de la inyección de dióxido de carbono en la atmósfera demasiado rápido y crear un clima de invernadero global. Pero igual de problemático puede ser la rápida caída de los niveles de dióxido de carbono, que en su lugar puede crear un clima de casa de hielo. Por extraño que parezca al principio, la creación de los Apalaches podría ser la clave para explicar esta glaciación punitiva que casi acabó con la vida en la Tierra.

Ciertas características de la antigua extinción del Ordovícico se prestan a comparaciones modernas, por ejemplo, el papel del cambio climático provocado por el dióxido de carbono y la destrucción del hábitat. Pero hay ciertos aspectos de la antigua extinción que desafían cualquier analogía con nuestro mundo moderno. Después de todo, el Ordovícico estuvo hace casi quinientos millones de años en un planeta que, incluso si se viera desde el espacio, sería completamente irreconocible para nosotros. En muchos sentidos, el planeta operaba de manera completamente diferente. Uno de los aspectos más inusuales de la extinción es que muchos animales que vivían en las profundidades del océano podrían haber sido, en contra de la intuición, aniquilados por un aumento en el oxígeno.

Después de todo, este fue un momento en que el oxígeno en los océanos, aunque se estaba acumulando, todavía era bastante bajo.

Hacer las paces con estas condiciones asfixiantes podría ser una estrategia prudente. Un animal que casi perfeccionó esta estrategia fue la vaina brachio.

Las comparaciones con la fauna carismática que llegaría a caracterizar las últimas etapas de la vida en la tierra pueden hacer que los investigadores ordovícicos se pongan a la defensiva sobre los objetos desagradables de su afecto. Cuando se compara al indiferente braquiópodo con un dinosaurio, un animal cuyo atractivo de superventas es evidente de inmediato, aquellos que estudian los invertebrados marinos del tipo que hurgaban en los mares prehistóricos responden rápidamente: cualquiera puede amar a un dinosaurio, pero se necesita un verdadero intransigente que aprecie la vida de un braquiópodo.

Hoy en día, la circulación de nuestro océano bien oxigenado está impulsada en gran parte por la diferencia de temperatura entre los polos helados y los trópicos templados. Este motor lleva continuamente aguas superficiales heladas y ricas en oxígeno a las profundidades, en una cinta transportadora mundial. En un mundo ordovícico mucho más cálido, la circulación podría haber sido más lenta y las profundidades del océano menos oxigenadas.

Así que ahora tenemos varios mecanismos de muerte para el final del Ordovícico, algunos más sutiles que otros. Hubo el drenaje de los mares, el enfriamiento de los trópicos, la distancia entre los continentes, la oxigenación de las profundidades y el colapso de la cadena alimentaria. Pero aún no hemos terminado de matar este mundo. Todavía quedaba un último golpe de gracia.

Directamente encima de las rocas glaciales del norte de África y Arabia Saudita hay lutitas radiactivas negras. Si estos suenan siniestros, lo son. Estos son los llamados esquistos calientes del norte de África y el Medio Oriente, del tipo que mantienen despiertas a las multinacionales del petróleo y el gas por la noche, con los ojos centelleando con signos de dólar. Las lutitas calientes forman una de las rocas generadoras de petróleo más importantes del mundo. Las aguas que liberaron estas rocas negras empapadas de petróleo terminaron con lo que quedaba del mundo ordovícico, viendo hasta la sombría finalización lo que habían comenzado los glaciares. Después de quizás un millón de años de hielo, con avances y retrocesos glaciales como los de nuestra propia edad de hielo, el mundo salió disparado de esta edad de hielo del Ordovícico Final hacia un invernadero sofocante.

Los mares subieron más de 100 pies, inundando una vez más los continentes. Los mares cálidos y pobres en oxígeno del Ordovícico regresaron con fuerza, asfixiando a los pocos animales supervivientes que habían cometido el error de adaptarse a este mundo de hielo temporal. Fueron recompensados por su perseverancia con la muerte.

Todavía se debate por qué estos mares que regresaban al final del Ordovícico eran tan anóxicos, pero un factor que podría haber jugado un papel fue la enorme afluencia de agua dulce que se derramó de las capas de hielo africanas que se derritieron rápidamente. Al final de la edad de hielo más reciente, hace unos miles de años, el oxígeno en los océanos se desplomó brevemente debido a la entrada de agua de deshielo glacial antes de recuperarse lentamente. Y hoy, frente a la costa sur de Groenlandia, una enorme masa de agua dulce del continente que se derrite rápidamente está interfiriendo en la circulación oceánica y tal vez incluso ralentizando la Corriente del Golfo.

Entonces, lo que está sucediendo ahora es que no estamos en el punto máximo de calor interglacial, pero estamos bastante cerca de él.

Sin embargo, con los cambios vienen nuevas oportunidades.

Hoy en día, las zonas de oxígeno mínimo en el océano se están expandiendo a partir de la agricultura. la escorrentía y el calentamiento global, promoviendo la supervivencia de los animales que han aprendido a cazar en esta capa inhóspita.

. . .

Pero el cambio fue demasiado rápido para que sobreviviera la vida en el Ordovícico, como puede suceder de nuevo para la vida en los siglos venideros.

El planeta tardó 5 millones de años en recuperarse por completo de la extinción masiva del final del Ordovícico. Cuando finalmente lo hizo, el ecosistema vaciado brindó nuevas oportunidades para que los sobrevivientes florecieran.

Lentamente, el planeta comenzó a parecerse un poco más a la Tierra. Cosas con columna vertebral -nuestros antepasados- hasta ahora habían sido jugadores sin importancia, pero ahora irradiaban a raíz de la extinción. Hasta aquí el Mar sin Peces.

3

La Extinción En Masa Del Devónico Tardío

EN LOS ÚLTIMOS AÑOS, los Estados Unidos de repente comenzaron a producir gas natural a borbotones. Repartidos por todo el país, los buscadores han perforado miles de pozos, inundando el mercado con energía barata. Esta es la revolución del gas de esquisto, y ha reorganizado "el Gran Juego" de la geopolítica del petróleo y el gas, dejando a Estados Unidos menos dependiente de la energía extranjera y solo en la cima de los principales productores de gas del mundo. La revolución nació del avance tecnológico conocido como fracturación hidráulica, o "fracking", que ha desbloqueado enormes reservas de hidrocarburos y ha permitido a los perforadores extraer rocas empapadas de combustible desde Nueva York hasta Dakota del Norte. La revolución también ha encendido el debate sobre las consecuencias ambientales y de salud pública de todas estas perforaciones, incluso cuando el país abre sus grifos.

Pero si los efectos del fracking del esquisto negro han sido profundos para la economía estadounidense, no tienen nada que ver con los efectos que tuvo la creación de todo este esquisto negro en el planeta Tierra en primer lugar. Para gran parte de esta nueva riqueza de gas natural, los Estados Unidos pueden agradecer las horribles extinciones masivas del período Devónico tardío. Hace más de 350 millones de años, cuando los mares que cubrían el país se asfixiaban repetidamente, la vida marina moría en masa, se hundía en el lecho marino y, para deleite de empresas como Hess y Chesapeake Energy, finalmente se convirtió en gas natural.

Tras el espeluznante final del Ordovícico (y después de un breve capítulo de la historia de la tierra llamado Silúrico), el Devónico, un importante período de transición en la historia de la vida, comenzó hace aproximadamente 420 millones de años y terminó en un desastre 60 millones de años después. En los millones de años transcurridos desde el "Mar sin Peces" del Ordovícico, mucho había cambiado en el planeta Tierra. De hecho, a raíz de la destrucción masiva del Ordovícico Final, nuestros antepasados, los peces, irradiaron y se apoderaron de los océanos. Tuvieron tanto éxito en la conquista del planeta que en el período Devónico la Tierra había entrado en lo que se conoce como la "Era de los Peces". Girando alrededor de los épicos arrecifes del Devónico, que se extendían por todo el mundo, había un ecosistema completamente repleto de depredadores de peces, muchos de ellos aterradores y desconocidos, y presas de peces. Algunos de estos nuevos administradores del océano incluso estaban probando tímidamente la vida en la tierra, andando como patos por la costa durante breves estancias. Pero nuestros antepasados del agua estaban en una sorpresa horrible. Varias sorpresas horribles, de hecho.

El primer gran golpe mortal de las extinciones masivas del Devónico tardío se produjo hace 374 millones de años. Por sí solo, el episodio califica como una de las cinco peores extinciones masivas de la historia, destruyendo el 99 por ciento de los arrecifes más grandes que el mundo haya conocido. Los arrecifes del planeta tardarían más de 100 millones de años en recuperarse de esta masacre. Pero desafortunadamente para la vida en la Tierra, la extinción masiva del Devónico no fue un desastre aislado. El segundo gran golpe mortal se produjo hace 359 millones de años. Esta catástrofe final terminaría enfáticamente el período en un clímax helado, eliminando a los principales depredadores del planeta: monstruos marinos fuertemente blindados que deberían ser finalistas en cualquier lista corta de los animales más aterradores de la historia.

Al igual que al final del Ordovícico, algunos geólogos creen que el enfriamiento extremo desempeñó un papel en las crisis del Devónico tardío, durante lo que de otro modo sería un tramo templado de la historia de la Tierra.

Durante casi toda la historia de la tierra, los continentes fueron extensiones de roca inhóspitas e imponentes, sus interiores impregnados de una falta de vida vacía que habría hecho irreconocible a nuestro planeta natal. Pero a partir del Ordovícico, diminutas plantas comenzaron a establecer una tenue cabeza de playa en la costa. Gracias a su tamaño poco inspirador, esto es lo que se conoce como el "mundo de las plantas liliputienses", ya que las pioneras ramitas de hepática alcanzaron solo unas pocas pulgadas como máximo.

Aun así, dar el salto de la escoria del estanque a las plantas terrestres, por modesto que fuera, fue una hazaña asombrosa que requirió grandes innovaciones entre los liliputienses para evitar secarse bajo un sol recién fulminante (como conjurar una capa cerosa y pequeños poros para respirar). . Una vez que las plantas estuvieron en la tierra, las propiedades inmobiliarias limitadas y la competencia por la luz del sol eventualmente llevaron a una innovación en las plantas que cambió aún más la tierra: a mediados del Devónico, era hora de ir verticalmente. Con el desarrollo del tejido vascular de soporte, los árboles corrieron hacia la parte superior del dosel, empujándose unos a otros del camino de la luz del sol.

Donde antes no había árboles en el registro fósil, de repente había selvas parecidas a palmeras de 30 pies de altura en Gilboa, que se elevaban sobre las llanuras costeras y los humedales de Nueva York. Estos protoárboles estaban anclados a la tierra con un tenue amarre de fibras como una falda de hula, pero pronto las plantas apuntarían sus brotes también hacia abajo, desarrollando raíces apropiadas y clavándose en la tierra. La colonización de la tierra estaba en marcha.

Estos primeros bosques dieron la bienvenida a los primeros insectos del mundo en sus aireadas naves, y milpiés y protoarañas se deslizaron por Gilboa tropical. Estos primeros insectos atraerían a los peces para que hicieran sus primeros patos tentativos en tierra firme, y finalmente abandonaran por completo sus mares ancestrales. Después de cientos de millones de años, la vida compleja estaba emergiendo de su atestado vivero submarino e infiltrándose en los continentes desolados y sin vida. Pero sería castigado por este espíritu pionero.

El Bosque Fósil de Gilboa no sólo proporciona una ventana a un ecosistema primitivo, sino que también marca el comienzo de un nuevo planeta, uno cuya superficie sería reelaborada dramáticamente por la vegetación.

. . .

Aunque hoy en día los árboles son vistos como benéficos dadores de vida, y las plantas eventualmente respaldarían todo el florecimiento de la vida en la tierra para seguir a estos primeros bosques en el planeta, podrían haber anunciado el fin de los tiempos.

Entonces, ¿cómo tiene algo que ver el amanecer de los bosques en los continentes con las alarmantes pizarras negras que se formaron en el océano y las crisis extremas que azotaron el planeta a finales del Devónico?

Hoy, cada verano en el Golfo de México, un área del océano del tamaño de Nueva Jersey pierde su oxígeno y casi todo muere. Por su parte, Nueva Jersey sufre su propia anoxia estacional, al igual que el lago Erie, que vio la llegada de una proliferación de algas tóxicas tan grande en 2014 que cerró el suministro de agua potable a la ciudad de Toledo. En 2016, la costa de Florida fue azotada por olas de algas espesas que asfixian la vida marina, los propietarios de los barcos describieron que tenían la consistencia del guacamole.

. . .

Es fácil ver cómo los episodios de eutrofización a gran escala, globales y persistentes podrían ser apocalípticos, como podrían haberlo sido en el Devónico.

Hoy en día, estas floraciones de algas y zonas muertas se están extendiendo por todo el mundo, impulsadas principalmente por el desarrollo y el crecimiento de la agricultura industrial.

Lo que los geólogos nos dicen es que: son las propias plantas: cavaron en la tierra con sus raíces por primera vez, dicen, rompieron las rocas y liberaron nutrientes -como el fósforo- que luego fueron arrastrados a los ríos y envenenó los océanos con algas y alimentos fitoplanctónicos. El diluvio de nutrientes resultante estimuló enormes floraciones de plancton que robaron el oxígeno de los mares y, en última instancia, crearon todo ese esquisto negro.

A medida que el reino de los Archaeopteris se extendía rápidamente por todo el planeta, río abajo los nutrientes que liberaban de las rocas estimulaban las floraciones en el océano, lo que sofocaba la vida en los mares, al igual que lo hacen hoy los fertilizantes industriales. Estos florecimientos de plancton son evidentes en las rocas como grandes eventos de entierro de carbono, una señal de productividad primaria en los mares salvajes. El carbono de estas mareas mortales es el mismo que se está fracturando hoy.

Para agravar los problemas en el Devónico estaban las aperturas restringidas al océano abierto desde los extraños mares que cubrían los continentes, lo que hizo aún más difícil eliminar este torrente de nutrientes provenientes de la tierra.

Si los primeros bosques hubieran inundado los océanos del Devónico tardío con un exceso de nutrientes y agotado los mares de oxígeno, las extinciones podrían no haber sido tan ruinosas. Pero los árboles tienen otro truco. Absorben enormes cantidades de dióxido de carbono. Esta es una de las razones por las que hoy en día hay tantas preocupaciones sobre la destrucción de la selva amazónica mientras el planeta lucha con su presupuesto de carbono en un mundo que se calienta.

. . .

Una teoría (controvertida) para la reciente ola de frío que duró aproximadamente entre 1500 y 1800 dC invoca la muerte en masa de los indios americanos y la reforestación de América del Norte después de siglos de agricultura indígena de tala y quema. A medida que los árboles en crecimiento recuperaron el continente posterior a Colón, podrían haber provocado un breve escalofrío al acumular grandes cantidades de CO_2 atmosférico. Después de todo, los árboles no crecen desde la tierra, sino del aire que los rodea.

En el Devónico, la forestación original de los continentes áridos tuvo lugar en una escala completamente diferente. A medida que los árboles se extendían en todo el mundo, el dióxido de carbono en la atmósfera eventualmente disminuiría en más del 90 por ciento. Además, el carbono encerrado en los primeros bosques y suelos del mundo se vio agravado por las enormes cantidades de carbono que luego fueron enterradas en los mares anóxicos por las floraciones de plancton alimentadas con nutrientes. Como era de esperar, todo este entierro de carbono tuvo importantes consecuencias para el clima y para la vida.

. . .

Como tal, las causas de esta primera ola de muerte masiva siguen siendo, como los artículos académicos expresan con cautela, "muy controvertidas", y diferentes artículos sobre esta extinción anterior pueden leerse como descripciones de eventos completamente diferentes.

Sin embargo el caso para las edades breves de hielo durante el evento de Kellwasser, causado por la propagación de plantas y la caída en picado del CO_2, aunque lejos de ser férreo, se basa en alguna evidencia: los isótopos de oxígeno de los dientes de diminutos animales parecidos a anguilas apuntan a gotas breves, pero tremendamente precipitadas, en las regiones tropicales. temperaturas del mar de 5 a 7 grados centígrados. En otros lugares, las rocas erosionadas en lugares tan lejanos como China y el oeste de Canadá apuntan a una caída espectacular del nivel del mar en el Devónico tardío, mientras que las criaturas adaptadas al frío parecen haber sobrevivido preferentemente a las secuelas de la extinción y se han acercado a los trópicos.

. . .

Pero la evidencia es contradictoria, y un espectro que persiste con inquietud durante todo el período es lo que parece ser la erupción de una importante provincia volcánica en Rusia que habría sido capaz de infligir todo tipo de caos, incluido el calentamiento global extremo. De hecho, existe evidencia de este calentamiento, así como de enormes aumentos del nivel del mar durante los pulsos de extinción. La razón de toda esta confusión es el problema de la datación precisa de las rocas, la naturaleza fragmentaria del registro fósil y, en última instancia, el trabajo muy humano de interpretar los datos.

Entonces, en este punto, no sabemos qué causó el evento Kellwasser, uno de los episodios más importantes y devastadores en la historia de la vida en la tierra. Tal vez, en lugar de un frío directo o un horno de castigo en esta primera extinción masiva del Devónico, fueron cambios rápidos y salvajes en el clima, entre el fuego y el hielo, lo que condenó a la vida.

El mundo floreció y el planeta se congeló. Y la evidencia de este desastre global helado que terminó con el Devónico es fácil de encontrar.

. . .

Hay algunas formas de dejar un planeta casi sin vida. Una forma es matarlo todo: lanzar un enorme asteroide contra un planeta, o una edad de hielo, o un período de calentamiento global extremo, etc. Pero hay otra parte de la ecuación, la otra cara de la extinción: la especiación. Si las tasas de extinción aumentan, pero también lo hace el número de nuevas especies que evolucionan, entonces las nuevas especies intervienen para llenar el vacío, y es básicamente un lavado. Lo extraño del período Devónico tardío es que la vida animal parecía haber perdido esta capacidad de recuperación creativa: la tasa de nuevas especies que se generaban se redujo drásticamente a medida que continuaba el ritmo de las extinciones.

Una paleontóloga de la Universidad de Ohio, calificó este evento de "agotamiento masivo" en lugar de una extinción masiva. Y la clave de este agotamiento masivo del Devónico fueron los invasores extranjeros.

Además de todo lo demás que iba mal en el Devónico tardío, los antiguos océanos comenzaban a cerrarse y las masas de tierra que habían estado separadas durante mucho tiempo se estaban acercando y finalmente formarían el supercontinente de la Pangea.

A medida que estas masas de tierra se acercaban y los niveles del mar subían y bajaban, las especies de malas hierbas se derramaron en nuevos entornos donde no eran bienvenidas.

Un mundo diverso de lugareños extravagantes se estaba convirtiendo lentamente en un mundo de monotonía global embrutecedora a medida que las especies invasoras se extendían y suprimían la generación de una fauna regional única.

Tanto los invertebrados como los vertebrados como los peces se volvieron más homogéneos en el Devónico tardío. Agrega esto a las tensiones climáticas y oceánicas que luego castigan al planeta y la pérdida de la mayoría de la vida en la tierra comienza a parecer casi inevitable.

. . .

Así que parece que podría haber muchos autores de las crisis del Devónico tardío. Los ciclos del sistema terrestre se vieron afectados por la expansión de los árboles, las glaciaciones, los volcanes, la eutrofización y la anoxia oceánica, las especies invasoras y más. En cuanto a los mecanismos de eliminación, no es tan elegante. Pero tal vez esto es de esperar.

La edad que siguió al Devónico fue un mundo más familiar.

Los tetrápodos ahora ponían huevos con caparazones, lo que permitió que estos antiguos peces finalmente sacaran completamente su reproducción del agua y llevaran toda su vida en tierra. Los tímpanos les permitían oír. Los árboles, mientras tanto, seguían enterrando carbono como locos.

El período posterior al Devónico se conoce como Carbonífero y suministró la mayor parte del carbón del mundo. Quemar carbón, por supuesto, hace que el planeta se caliente al liberar dióxido de carbono, pero enterrándolo en pantanos de carbón hace cientos de millones de años enfrió aún más este antiguo planeta. Aunque aquí en la zona tropical de Nueva Escocia era una selva, los glaciares eran ahora una característica duradera en latitudes más altas. La otra cara de la moneda de un mundo fresco y bajo en dióxido de carbono es uno que está inundado positivamente de oxígeno, exhalado por el mundo vegetal recién establecido. Aunque puede no parecer mucho, cuando los árboles fueron enterrados en los pantanos de carbón del Carbonífero, el oxígeno se disparó hasta el 35 por ciento de la atmósfera (en comparación con el 21 por ciento actual). Este entorno rico en oxígeno explica las huellas de los milpiés de los neumáticos de los tractores y las libélulas del tamaño de una gaviota en las rocas de Nueva Escocia: el tamaño de los insectos está limitado por los requisitos de espacio de sus extraños sistemas respiratorios, pero en el Carbonífero podían respirar menos aire. para obtener la misma cantidad de oxígeno, y así podría alcanzar tamaños de otro mundo.

Después de la muerte del último placodermo, pasarían 100 millones de años hasta la próxima masacre al por mayor en el planeta Tierra.

. . .

Haciendo que las catástrofes del Ordovícico y el Devónico parezcan meros ensayos generales, la devastación de la próxima extinción masiva llevaría al planeta tal vez más cerca que nunca de perder el pulso por completo.

4

La Extinción Masiva Del Final Del Pérmico

Así que 500 millones de años es mucho tiempo, ¿verdad? Un paleontólogo de Stanford, colocó una losa pulida de la extinción masiva del final del Pérmico en la mesa de su oficina: un bloque del antiguo lecho marino de China. La roca se acumuló durante miles de años durante la extinción. La mitad inferior, antes de la extinción, estaba hecha de conchas marinas molidas y plancton, los detritos de un mundo vivo. La mitad superior, posterior a la extinción, estaba hecha de microbios y lodo. Donde estas capas se encontraron abruptamente en el medio fue lo peor que ha sucedido en la historia de la vida en la tierra.

. . .

Quinientos millones de años es mucho, mucho, mucho tiempo.

Y este es el peor evento en los últimos 500 millones de años de la historia de la tierra. presumiblemente tan extremas como han sido las condiciones de la superficie de la Tierra en los últimos 500 millones años.

Así que este no es un evento de uno en cien, no es un evento de uno en mil, ni siquiera es un evento de uno en un millón. Está más cerca de un evento de uno en mil millones.

Quieres tener eso en mente. "Sea lo que sea esto, es lo peor que ha habido".

Antes de que llegara el apocalipsis, era el período Pérmico. En los 100 millones de años transcurridos desde el final helado del Devónico, el planeta tenía al menos los bocetos generales de un mundo que podríamos reconocer... más o menos. Como mínimo, ahora había árboles y plantas en la tierra, y grandes bestias que caminaban penosamente entre ellos. Esta fue una ruptura profunda con el mundo que vino antes.

Aunque la vida vegetal y animal en la tierra podría parecernos la configuración predeterminada para la Tierra, fue revolucionario para un planeta cuyos continentes habían sido estériles durante más de 4,000 millones de años.

El pez que había estado arrastrándose tímidamente hacia la tierra en el Devónico ya lo había logrado y se había dividido en dos linajes de reptiles: uno que seguiría siendo reptil y otro grupo que eventualmente se convertiría en los mamíferos.

Sorprendentemente, fue este último grupo el que gobernó el mundo del Pérmico, mientras que la línea de reptiles en su mayoría esperaba su turno para dominar el mundo.

Esta clase dominante de protomamíferos era un universo alternativo de bestias desconocidas y bastante horribles, una colección de animales salvajes repleta de hombres ágiles que actuaban como depredadores y pesados herbívoros del tamaño de un rinoceronte que se reunían en manadas alrededor de los abrevaderos de

Pangea. Los miembros más largos de la línea de reptiles que prosperaron eran ogros verrugosos, parecidos a tanques. No fue el momento más fotogénico de la Tierra. En los océanos, los arrecifes que habían sido destruidos en el Devónico tardío habían regresado, pero a pesar de que había tiburones y peces, esto seguía siendo una biosfera primitiva.

Los arrecifes tenían un sabor claramente paleozoico, formado por órdenes enteras de animales coloniales que ya no existen.

Las mordeduras de trilo, que apenas habían sobrevivido a las extinciones masivas anteriores, todavía se arrastraban por los fondos marinos pavimentados con braquiópodos. Incluso los escorpiones de mar, reducidos ahora a ambientes mayoritariamente de agua dulce después de la matanza cerca de la costa del Devónico tardío, habían perdurado desde sus comienzos en el Ordovícico.

Pero al final del Pérmico casi todas las cosas estarían muertas.

· · ·

Al final del Pérmico, Siberia se volvería del revés, burbujeando lava sobre millones de millas cuadradas e inundando la atmósfera con gases volcánicos. Un gas en particular se destaca como el asesino principal en lo que se convertiría en la mayor muerte en masa en la historia de la Tierra.

Los investigadores no estudian la peor catástrofe de la historia simplemente por curiosidad académica, o incluso morbosa. La extinción masiva del final del Pérmico es el miembro final absoluto, el peor de los casos de lo que sucede cuando se introduce demasiado dióxido de carbono en la atmósfera.

Junto con la brecha de pedernal en los mares, también hay una "brecha de carbón" en la tierra, ya que los árboles desaparecen del registro fósil durante 10 millones de años después de la extinción. Las grandes coníferas leñosas y los helechos con semillas del Paleozoico fueron reemplazados por patéticas malas hierbas que llegaban hasta los tobillos (hierbas de las plumas) que se extendían por el ardiente planeta.

· · ·

Inquietantemente, al mismo tiempo que las plantas casi desaparecen, un breve pico de hongos aparece repentinamente en las capas de roca de la extinción masiva, posiblemente de cosas muertas que se pudren en todo el mundo.

La extinción masiva provocó el fin, no sólo del período Pérmico de 50 millones de años, sino también de toda la era Paleozoica, entonces en progreso desde los albores de la vida animal. El Paleozoico, caracterizado por esos antiguos mares llenos de trilobites, braquiópodos y arrecifes desconocidos, era tan diferente de la era venidera como lo es la era de los dinosaurios de nuestro mundo moderno. Quizás lo más inquietante es que, aunque la era Paleozoica duró cientos de millones de años, abarcando los períodos Cámbrico, Ordovícico, Silúrico, Devónico, Carbonífero y Pérmico, terminó (en términos geológicos) en lo que fue casi un marco de tiempo subliminal.

Al investigar las rocas chinas que registran la extinción masiva en el océano Pérmico, el legendario geocronólogo del MIT, Sam Bowring, descubrió que toda la pesadilla tuvo lugar durante un período increíblemente corto de menos de 60,000 años. La extinción masiva del final del Pérmico marcó el final de un venerable planeta y, después de una desgarradora convalecencia, el comienzo de otro.

Hasta ahora hemos dado por sentada la idea de que los continentes se han movido a lo largo del tiempo geológico. Pero esta idea de que flotan sobre un transportador incandescente e invisible de roca convectivo es una de las ideas más revolucionarias en la historia de la ciencia. Sorprendentemente, ha ganado una aceptación generalizada solo recientemente como edulcorante artificial. Y como la mayoría de las revoluciones científicas, comenzó su vida como una especulación de mala reputación, al borde de la locura.

La teoría de la deriva continental fue desarrollada de manera más famosa por Alfred Wegener, un meteorólogo alemán cuyos estudios lo llevaron, como lo hicieron la mayoría de las actividades científicas a principios del siglo XX, al alto Ártico. En las expediciones a Groenlandia, desarrolló una visión de los continentes similar a los grandes témpanos de hielo que lo rodeaban: separándose, a la deriva y chocando entre grandes extensiones de tiempo, y en un punto formando un supercontinente en el pasado profundo que llamó

Pangea, que significa "toda la tierra". En general, llegamos a esta revelación al hacer la misma observación que hacen la mayoría de los niños de seis años: que los continentes encajan aproximadamente, como piezas de un rompecabezas.

Además de eso, los fósiles parecen formar bandas que saltan los océanos y conectan partes dispares del mundo por biología prehistórica. A pesar del argumento persuasivo que presentó uno de los paleontólogos más importantes, fue rotundamente rechazado por sus contemporáneos y no vivió para ver su reivindicación. Como todos los buenos exploradores victorianos del Ártico, murió valientemente en el hielo, donde permanece hoy, enterrado bajo quizás 100 pies de nieve.

Este supercontinente, Pangea, alcanzó su apoteosis en el Pérmico, cuando formó una gigantesca C abierta que se extendía desde el Ártico hasta la Antártida, interrumpida en el medio por una titánica cadena montañosa de este a oeste donde América del Norte se encontraba con África y América del Sur. El súper continente estaba rodeado por un súper océano global a juego, llamado Panthalassa.

Mientras los herbívoros parecidos a rinocerontes comían sus poco atractivos arbustos pangeanos, los reyes y reinas del supercontinente eran otro antiguo pariente nuestro: los amenazantes gorgonópsidos, depredadores ápices musculosos y vagamente lobunos con cráneos como gigantes quitagrapas y dientes más largos que los de Tiranosaurio Rex. Estas temibles dagas, que usaban para desgarrar a los dicinodontes herbívoros miembro por miembro, incluían incisivos, caninos y caninos posteriores, lo que indica un linaje que se acerca poco a poco a la mamiferidad. Los gorgonópsidos reciben su nombre de las míticas hermanas griegas Gorgonas, que podían convertir a las personas en piedra solo con la mirada.

Todos estos primos nuestros, perdidos hace mucho tiempo, los dicinodontes y los gorgonópsidos, tanto sus bivoros como sus carnívoros, gobernaron el mundo durante los últimos 10 millones de años del Paleozoico, hasta el Armagedón.

. . .

La primera pregunta sobre la extinción masiva al final del Pérmico fue la más simple: ¿fue un asunto prolongado, con el planeta consumiéndose por desgaste durante millones de años, o fue geológicamente repentino y catastrófico? Es una pregunta que es sorprendentemente difícil de responder y que requirió años de recolección de cráneos y huesos en el Karoo antes de someter los datos a la luz esclarecedora de las estadísticas.

Unos investigadores encontraron que la extinción masiva en la tierra fue realmente catastrófica. En lo que interpretaron como el límite entre el Pérmico y el Triásico, el mundo terápsido casi se desvaneció en lo que parecía ser una escala de tiempo de miles de años, no millones, como se había pensado previamente. Los viciosos gorgonópsidos fueron aniquilados, desapareciendo por completo, y en cuanto a los treinta y cinco géneros de dicinodontes herbívoros conocidos del Pérmico tardío, sólo dos lograron atravesar el tamiz de la extinción masiva. En el Karoo, el comienzo del Triásico se anuncia con la presencia solitaria de uno de estos valerosos supervivientes, Lystrosaurus, un excavador parecido a un cerdo, muy poco atractivo, que se divertía con sus colmillos y un pico para cortar las resistentes malas hierbas del mundo desolado. En las representaciones de los artistas, Lystrosaurus parece lucir la mirada desconcertada de una criatura que inexplicablemente ha surgido vivió una masacre.

A raíz de la extinción masiva, la improbable criatura heredó toda la tierra, dominando el registro fósil del Triásico temprano en todo el mundo, desde la Antártida hasta Rusia, al igual que los vastos monocultivos de almejas de Claraia que pavimentan los fondos marinos de este post apocalipsis.

Lo que encontraron al final del Pérmico fue un giro salvaje en el ciclo del carbono.

Si el martillo de roca es el mejor amigo del geólogo en el campo, el espectrómetro de masas, un poco más voluminoso, puede ser un colaborador aún más querido una vez que regrese al laboratorio. Al vaporizar la roca, la máquina ilumina el meollo molecular de cualquier muestra. Cuando sometieron trozos de suelo fósil, e incluso colmillos de Lystrosaurus, a este crisol, descubrieron que la cantidad de carbono isotópicamente ligero en sus muestras se disparó con la extinción masiva, tal vez reflejando un repentino exceso de él en la atmósfera antigua. Aunque la estratigrafía del Karoo sigue siendo la fuente de una disputa en curso, los resultados coincidieron con los hallazgos en los sitios del final del Pérmico en todo el planeta del antiguo océano que registró de manera similar un ciclo del carbono.

¿De dónde vino todo este carbono extra ligero en la atmósfera?

Hay algunas maneras de aumentar este depósito. Una forma es matar todas las plantas, el plancton y los animales del mundo.

Las plantas son exigentes con su carbono y prefieren las cosas isotópicamente más ligeras, bloqueando una gran cantidad del suministro mundial. Lo mismo ocurre con el plancton. Y dado que los animales comen esas plantas y los carnívoros comen los animales que comen esas plantas, todo el mundo viviente extrae una gran cantidad de carbono ligero del sistema. Por lo tanto, cuando mueren casi todas las plantas y animales del mundo, ese carbono es más liviano. ya no está encerrado en los árboles y en las floraciones de plancton y la carne animal y queda más en la atmósfera y los océanos. Quizás, entonces, esta muerte masiva explique el cambio en las rocas a isótopos de carbono más livianos. Pero la oscilación del isótopo de carbono en la extinción masiva del final del Pérmico es tan severa que muchos otros científicos piensan que el colapso de la biosfera por sí solo no es suficiente para explicarlo.

Cuando comenzó la Revolución Industrial en el siglo XVIII y se incendiaron enormes cantidades de carbón en las fábricas británicas, el balance atmosférico mundial de carbono se desplazó hacia valores isotópicamente más ligeros, lo que refleja esta enorme inyección de CO_2 de las plantas fósiles. Esta es otra forma más sencilla de obtener la señal que se encuentra en las rocas al final del Pérmico: simplemente inyecta grandes cantidades de dióxido de carbono en la atmósfera.

Como dijo un investigador, no importa si el dióxido de carbono proviene de "Volvos o volcanes". Al final del Pérmico, había muchos de estos últimos.

. . .

Una de las señales más extrañas de la extinción masiva del final del Pérmico es la presencia de un pigmento llamado isorenieretano en los sedimentos marinos de todo el mundo, desde Australia hasta el sur de China y la Columbia Británica. El pigmento es utilizado en la fotosíntesis por una desagradable escoria llamada bacteria verde del azufre, que requiere una combinación peculiar de condiciones oceánicas para prosperar: falta de oxígeno, sulfuro de hidrógeno venenoso y, lo más importante, luz solar. Si hay luz solar, eso significa que estas floraciones de bacterias nocivas estaban apareciendo en los mares poco profundos. Pero un océano que está desprovisto de oxígeno hasta la cima es algo así como un fracaso oceanográfico. La superficie del mar se mezcla constantemente con el aire, oxigenando la capa superior del océano a través de la incesante agitación del viento y las olas.

"El uniformismo está completamente equivocado", dijo uno de los investigadores. "Es totalmente erróneo. Nos engaña. No puedes usar el presente como la clave del pasado porque hubo tiempos en el pasado que fueron tan radicalmente diferentes que ni siquiera podemos conceptualizarlos. El hecho de que puedas estar en en la zona fótica (la franja superior de la columna de agua donde la luz puede penetrar) y, a pesar de que tienes oxígeno atmosférico, ¿a solo 2, 5 o 10 metros de profundidad te encuentras en un océano sin oxígeno? Eso es tan raro. Eso es radicalmente diferente.

Junto con el calor extremadamente alto, la devastadora acidificación de los océanos y la destrucción del ozono, otros asesinos del Pérmico propuestos incluyen: intensa lluvia ácida volcánica que destruye los bosques, breves ráfagas de frío de los aerosoles de azufre que bloquean el sol, muerte respiratoria agonizante por la gran cantidad de gases nocivos que emanan de los volcanes (gases que no habrían sido desconocidos en un campo de batalla de la Primera Guerra Mundial), envenenamiento directo por dióxido de carbono, y toxicidad del mercurio. Con tantos asesinos potenciales volviéndose locos, otro investigador inglés ha apodado con humor el exceso de sospechosos al final del Pérmico como la teoría de extinción masiva del "Asesinato en el Expreso Oriente".

. . .

Añádanse a esta novela policíaca dos sospechosos más, los espeluznantes espectros de la anoxia oceánica y el venenoso compañero de cama de la anoxia, el sulfuro de hidrógeno, que las bacterias solo pueden producir en ausencia de oxígeno.

Si alguna vez has olido huevos podridos, sabes lo que es el sulfuro de hidrógeno. A solo una parte por millón, ya comienza a inundar el aire con el inconfundible miasma de mierda rancia. De 700 a 1000 partes por millón, mueres instantáneamente. Y esto sucede. El sulfuro de hidrógeno también se conoce como "gas de estiércol", y cuando se inhala en concentraciones lo suficientemente altas, se ha cobrado la vida de innumerables trabajadores agrícolas que trabajan en pozos de estiércol. También es un peligro alrededor de los pozos de petróleo y gas, como los (poéticamente) en la cuenca del Pérmico en Texas, donde los perforadores han muerto por la fuga de gas de las rocas subyacentes.

En 2005, Kump propuso que este gas fétido podría haber sido responsable de la Gran Moribundo. Para obtener sulfuro de hidrógeno, primero necesita anoxia, un asesino más que capaz por derecho propio.

. . .

Y como en otras extinciones masivas, las rocas sin vida características de los océanos sofocantes existen en todo el mundo, desde Salt Range en Pakistán a los Dolomitas del norte de Italia, al sur de China, al oeste de los Estados Unidos, a Groenlandia, al antiguo puesto avanzado de caza de ballenas Spitsbergen en el Océano Ártico, y más allá. La anoxia en los océanos parece ser una señal global al final del Pérmico. Y no se disipó por completo durante millones de años después de la extinción, lo que quizás explique la recuperación brutalmente lenta.

En un intento por explicar estos mares sofocantes, los científicos especularon originalmente que el calentamiento del planeta, como debe haberlo hecho la enorme inyección de dióxido de carbono de las trampas siberianas, redujo la diferencia de temperatura entre los polos y los trópicos y trajo la circulación oceánica global. a un alto Mientras escribo esto, partes del Ártico acaban de soportar un mes 16 grados centígrados más cálido de lo normal, y la circulación oceánica parece estar disminuyendo a medida que Groenlandia se derrite rápidamente. Si la circulación se detuviera por completo en el Pérmico, especularon los paleoceanógrafos, entonces el océano profundo perdería su oxígeno y las bacterias anaeróbicas despegarían, inundando los océanos con sulfuro de hidrógeno.

Pero el modelado posterior ha revelado que es casi imposible detener los océanos de esta manera. Los volcanes submarinos, las diferencias regionales de salinidad y las peculiaridades de la oceanografía finalmente hacen que la circulación vuelva a ponerse en marcha, aunque sea lentamente.

Para resumir: había un océano que se estaba acidificando rápidamente, uno que, en grandes extensiones del planeta, estaba tan caliente como un jacuzzi y completamente desprovisto de oxígeno. Había mareas enfermizas impregnadas de tanto dióxido de carbono y sulfuro de hidrógeno que cualquiera de los dos venenos habría bastado como asesino por derecho propio. Había un paisaje ruso detonando y siendo ahogado en lava a varias millas de profundidad. Había una niebla de neurotoxinas y smog letal saliendo de estos volcanes y, en lo alto, una capa de ozono destrozada por halocarbonos, invitando a un baño de radiación letal en la superficie del planeta. Había una lluvia ácida que destruía los bosques y un paisaje tan estéril que los ríos habían dejado de serpentear. Los niveles de dióxido de carbono eran tan altos y el calentamiento global tan intenso que gran parte de la tierra se había vuelto demasiado caliente incluso para los insectos. Y ahora estaban los mega huracanes sobrenaturales de Kump, hechos de gas de pantano venenoso, que se habrían elevado hasta los cielos y destruido continentes enteros.

La velocidad a la que estamos inyectando CO_2 en la atmósfera hoy, según nuestras mejores estimaciones, es diez veces más rápida que durante el final del Pérmico. Y las tasas son importantes. Así que hoy estamos creando un entorno muy difícil para que la vida se adapte, y estamos imponiendo ese cambio quizás diez veces más rápido que los peores eventos en la historia de la Tierra.

5

La Extinción En Masa Del Final Del Triásico

Es una noticia casi alegre que habrá aún más extinciones masivas en el futuro de la Tierra. Cualquiera que tuviera la mala suerte de presenciar el inimaginable crescendo del final del Pérmico, debe haber parecido seguro que sería el último del planeta.

Pero si falla la esterilización completa de hasta la última laguna, cueva, estanque aislado y cañón de aguas profundas en la tierra, incluso de sus habitantes más maleza y aburridos, el planeta puede sobrevivir. De hecho, a raíz de las grandes extinciones masivas hace más que sobrevivir: florece de nuevo, que es lo que finalmente hizo (literalmente) en el Triásico. Decenas de millones de años después del punto más bajo de la historia de la Tierra, el supercontinente cansado de la batalla floreció de nuevo y ahora acogió la era mítica de los reptiles. Pero los buenos tiempos no duraron mucho. Como ocurrió a finales del Pérmico, la tierra se abriría una vez más a finales del Triásico y se tragaría la biosfera.

El tiempo es excepcionalmente cruel con la presencia, lo que hace que la mera existencia del fo cord sea algo así como un milagro. Gran parte de la historia de la tierra ha sido borrada, revuelta y borrada por las edades. Pero este no es el caso del triásico asesino de planetas de 200 millones de años, que no sufre tal oscuridad. El culpable de la extinción masiva del final del Triásico, que acabó con las tres cuartas partes de la vida en la Tierra, todavía es sorprendentemente visible desde casi cualquier edificio en el lado oeste de Manhattan.

Pero para llegar a una extinción masiva, primero necesitas cosas para matar, y antes de que el mundo pudiera ser destruido nuevamente, tuvo que recuperarse de lo peor que jamás haya sucedido. Esto no fue fácil. Aunque un mundo nuevo y seguro se establecería a finales del período Triásico, al comienzo del período el planeta todavía estaba arruinado más allá de todo reconocimiento y apenas era habitable. Debe haber parecido, incluso después del pico de la catástrofe del final del Pérmico, que estos fueron los últimos días miserables del planeta Tierra. Donde existía vida, estaba dominada por oportunistas de desastres invasivos como la omnipresente almeja Claraia, mientras que cosas como los árboles permanecieron curiosamente ausentes durante 10 millones de años.

Alguna vez se pensó que esta recuperación extremadamente retrasada era producto de la magnitud sin precedentes del apocalipsis del final del Pérmico. Si le das un puñetazo a alguien en la cara, es posible que esa persona tarde un poco en recuperarse. Pero si atropellas a alguien con tu coche a 100 millas por hora, será incluso más difícil persuadirlos para que se pongan de pie.

Sin embargo, un trabajo más reciente ha demostrado que podría no haber sido la intensidad de la extinción del final del Pérmico que mantuvo a la tierra hundiéndose después de la Gran Mortandad, pero las condiciones implacablemente sombrías y de otro mundo persistieron hasta bien entrado el Triásico. Artículos científicos recientes no se andan con rodeos sobre este planeta infernal: Temperaturas letalmente calientes durante el efecto invernadero del Triásico Temprano, anunció un artículo. Un estudio realizado, analizó el oxígeno isótopos de generación en los dientes fósiles de diminutas criaturas parecidas a anguilas para mostrar que las temperaturas de la superficie del mar cercanas a los 40 grados centígrados (104 grados Fahrenheit) persistieron en los trópicos, ya que gran parte del océano permaneció hostil a la vida durante millones de años.

En tierra, toda la sección media sin vida del planeta soportó temperaturas de otro mundo superiores a los 60 grados centígrados (140 grados Fahrenheit). Este calor extremo corresponde a la falta de fósiles de peces grandes en todo el medio del planeta a principios del Triásico y una falta similar de animales en cualquier lugar cerca de los trópicos en tierra. La recuperación que ocurrió, como la sorprendente evolución de los reptiles parecidos a delfines llamados ictiosaurios, quedó mayormente relegada a los polos. Al analizar los isótopos de uranio en las rocas, un investigador, demostró que la anoxia en los océanos también siguió siendo un factor de estrés crónico durante 5 millones de años después de la extinción. Cruelmente, hubo incluso otro gran pulso de extinción entre los pocos sobrevivientes del final del Pérmico solo 2 millones de años después de que el polvo se asentara sobre la Gran Mortandad.

Tal vez sea menos que una coincidencia que el momento más persistentemente terrible en la historia de la vida compleja haya sido la única vez que las masas terrestres se unieron como un supercontinente. La configuración inusual de Pangea podría haber roto el termostato del planeta al robarle su capacidad para regular el dióxido de carbono atmosférico. Aunque los bordes del supercontinente se erosionaron, absorbiendo CO_2, los vastos interiores secos prácticamente no vieron agua. La falta de agua significaba que no había meteorización, y la falta de meteorización significaba que el mecanismo más fiable de la Tierra para extraer CO_2 estaba roto.

Entonces, cuando formas un supercontinente en nuestros modelos climáticos, terminas con interiores secos.

Entonces, en cierto modo, no contribuyen al ciclo global del carbono en ese punto porque no hay agua para erosionar las rocas, y entonces, sí, podrías imaginar que las erupciones volcánicas en un momento de alta continentalidad como Pangea romperían el regulador de CO_2. De repente tienes un aumento constante en el dióxido de carbono.

Como resultado, el Triásico temprano fue insoportablemente muy caliente.

Algunos de los otros vertederos principales de CO_2 se encuentran en arrecifes y plataformas oceánicas poco profundas, donde los corales (o, tras la extinción, los microbios) atrapan carbono en forma de piedra caliza, mientras que el plancton rico en carbono se hunde en el fondo del mar y finalmente se convierte en roca.

Es un simple hecho de la geometría que tener un montón de pequeños continentes te da más costa que tener un gran supercontinente. Y más costa le da más espacio en los estantes para enterrar el carbono en la vida marina poco profunda. Pero en el Pérmico y el

Triásico, este espacio era escaso alrededor del supercontinente hinchado, y la geometría simple atascó la bomba biológica de carbono. Como resultado, se acumuló más CO_2 en la atmósfera y el planeta no pudo enfriarse. Agregue a esto los enormes sumideros de CO_2 de árboles y bosques que casi desaparecieron durante 10 millones de años después del Pérmico y no había ningún lugar para transportar todo ese dióxido de carbono adicional.

Eventualmente, sin embargo, el planeta se enfriaría, aunque lentamente, y la vida se recuperaría de forma irregular. Pero la tierra del Triásico primitivo siguió siendo un mundo en gran parte fragmentado, y las tierras baldías de la Pangea tropical, yermas y sin vida.

A finales del Triásico se había establecido un nuevo orden. Había gigantescos anfibios con cabeza de pala tomando el sol en las orillas de las llanuras aluviales pantanosas y tirando de las cícadas caídas y anegadas. A estas alturas, las tortugas habían llegado a la escena, al igual que algunos pequeños pterosaurios voladores. Y, por supuesto, había nuevos personajes corriendo por los bosques sobre dos piernas: los dinosaurios, aunque en su mayoría eran pequeños y raros. Aún no era su turno. Tampoco era el momento de los sinápsidos caídos y sus nuevos miembros de la familia, los mamíferos, que tendrían que esperar más de 100 millones de años para tener otra oportunidad en la cima.

El mundo Triásico, en cambio, estuvo dominado por un linaje que sobrevive hasta el día de hoy. Esta familia real depuesta todavía frecuenta los márgenes de los pantanos y deambula con irritación por los campos de golf, pero en el mundo Triásico, los parientes cocodrilos gobernaban la tierra.

A finales del Triásico, los plácidos lagos del valle del rift como estos se extendían desde Carolina del Norte y Virginia hasta Nueva Jersey y la ciudad de Nueva York, hasta Connecticut e incluso Nueva Escocia. La región se parecía al estrecho valle del Rift de África oriental actual, donde el lago Tanganyika y el lago Malawi se han asentado en las costuras donde África oriental se está separando del resto del continente. De aquí es de donde viene la "grieta" en el "valle de la grieta". En el Triásico, los lagos que bordeaban la costa este y la costa oeste de África eran como una perforación que bajaba por el centro de Pangea, y fue a lo largo de esta línea que el supercontinente finalmente se desgarraría. Es por eso que la costa este de los Estados Unidos y la costa oeste de África, que comparten estos fósiles del lago, están donde están. A medida que el supercontinente comenzó a desgarrarse, el agua fluyó hacia estos grandes valles de grietas, creando lagos e invitando a un nuevo y extraño mundo de primos cocodrilos desconocidos a las costas de este refugio tropical del Triásico.

La mayoría de estos animales no serían reconocibles para los ojos modernos como cocodrilos. Eso es porque no son cocodrilos. Sería como llamar a los dinosaurios "pájaros" pero la relación se vuelve al revés.

Sí, algunos caminaban pesadamente a cuatro patas con hocicos afilados llenos de dientes como los cocodrilos modernos, pero otros, como Effigia de Nuevo México, eran rápidos, ágiles y desdentados que galopaban sobre dos patas y lucían un par de antebrazos rechonchos casi inútiles.

. . .

Durante millones de años en la ciudad triásica de Nueva York, la vida siguió el ritmo pausado de un planeta en su adolescencia reptiliana de ensueño sin indicios de los problemas que se avecinaban. Unos rutiodones de seis metros de largo, parecidos a un cocodrilo, se deslizaron hacia el agua desde Newark armados con hocicos largos y ágiles que usaban como palillos para atrapar peces de lagos tropicales y tiburones de agua dulce. Se lanzaban a las fangosas orillas de Marruecos para tomar un respiro por la tarde, enviando una bandada de dinosaurios asustadizos corriendo a través de las colas de caballo junto al lago en dos patas. No todos los animales diferían tan fácilmente. Anfibios de gran tamaño y malhumorados con sartenes anchas y planas en lugar de cabezas se mantuvieron firmes, accediendo a regañadientes a compartir la costa después de notar su irritación con algunos gemidos guturales.

Cuando caía el crepúsculo, diminutos reptiles con alas brotando de debajo de sus brazos saltaban y se deslizaban desde las cícadas junto al lago hasta los enjambres ondulantes de insectos que se elevaban desde los márgenes pantanosos. A medida que el sol se ponía sobre los escarpados picos de las tierras altas de Nueva

Jersey, los ensordecedores chirridos de insectos parecidos a grillos del tamaño de hogazas de pan vibraban en las catedrales de coníferas y resonaban sobre el agua.

La corteza debajo de este cuadro se estaba adelgazando como caramelo tirado mientras Pangea se partía. Una gigantesca masa de plástico del manto de la Tierra estaba surgiendo a la superficie en una trayectoria inevitable para matar a la mayoría de los animales del planeta. Después de más de 30 millones de años de Pangea desmoronándose sin incidentes, algo estaba por ir terriblemente mal.

Al final del Triásico, hay evidencia no solo de una ola de calor en la tierra, sino también de la devastación en los mares. Los bivalvos (criaturas como almejas, vieiras y ostras) habían reemplazado en gran medida a los braquiópodos en el océano después de la Gran Mortandad, marcando una transición poco glamorosa pero trascendental para los ecosistemas marinos.

. . .

Pero la mitad de los bivalvos se extinguirían a finales del Triásico. Sus parientes parecidos a calamares con caparazón, los amonoides, una vez más desaparecen casi por completo del registro fósil (en su forma típica de desmayo). Y los nuevos y llamativos ictiosaurios también fueron diezmados.

Cuando el Triásico dio paso al Jurásico, después de un millón de años de dolorosa transición, la vida volvió a florecer. Los dinosaurios colonizaron los nichos abandonados por sus difuntos rivales y eventualmente crecieron hasta convertirse en los majestuosos guardianes del planeta en su era más mítica.

En unos de mis viajes de regreso a Boston desde la ciudad de Nueva York, pasé por un letrero que había visto muchas veces en la I-91 y que esta vez ya no pude resistir. PARQUE ESTATAL DINOSAURIO, decía.

El hito improbable se encuentra en las afueras de Hartford, Connecticut, entre las subdivisiones suburbanas y los parques de oficinas del boscoso valle del río Connecticut. Me detuve en el Parque Estatal de Dinosaurios esperando estar abrumado y bromeando conmigo mismo sobre los dinosaurios cortados avispados y fiscalmente conservadores de Connecticut que jugaban al racquetball.

Dejé de reír cuando entré en el domo geodésico del parque cerca de la hora de cierre y me encontré con la atracción principal del sitio: cientos de huellas de dinosaurios serpenteando por el suelo de arenisca, en las orillas petrificadas de otro lago del valle del Rift. Pero esta vez, aunque todavía en lo más profundo del corazón desgarrado de Pangea, la vida en el planeta estaba justo al otro lado de la extinción masiva. Este fue el amanecer del Jurásico. Las erupciones se habían calmado y el reciente apocalipsis solo era evidente en la presencia de esta nueva lista de animales, que gobernaban con confianza el planeta como si nada hubiera pasado. Las enormes extensiones de basalto se habían erosionado y absorbido dióxido de carbono, como siempre ocurre, enfriando el planeta de nuevo, y los lagos de lava que llenaban los valles de ruptura de Pangea se habían desgastado o se habían escondido en la bóveda de la geología. . El planeta se había pacificado y aquí, en el valle del río Connecticut, había reanudado sus lánguidos ritmos, solo que con una nueva casta gobernante, los dinosaurios.

Las huellas, de más de un pie de largo, eran enormes en comparación con los dinosaurios enanos que llegaron antes de la extinción masiva. Se desconoce quién dejó estas huellas (las mismas condiciones que son buenas para preservar huellas no son buenas para preservar cadáveres), pero los paleontólogos sospechan que podría haber sido Dilophosaurus, un enorme dinosaurio de más de 20 pies de largo. Aunque estas gigantescas huellas de tres dedos estaban esparcidas por toda la orilla del lago, las huellas de los cocodrilos asesinos del Triásico no se encontraban por ninguna parte.

Estaba solo con las enormes huellas de los dinosaurios, que estaban iluminadas en un nítido relieve desde un ángulo bajo, mientras los altavoces invisibles bombeaban los sonidos evocadores de la humedad primaria: el zumbido de insectos zumbantes, truenos distantes. Un mural frente al lago bordeado de cícadas tropicales enmarcaba los caminos y las figuras modelo de dos dilofosaurios de 20 pies acechaban la exhibición, sus enormes pies presionando la arena mojada, mientras inspeccionaban sus antiguos lugares de interés con un propósito.

Me encontré casi avergonzado por lo profundamente que me conmovieron las losas picadas. Hay algo en las huellas fósiles que son extrañamente personales, tal vez incluso más que los propios huesos que los animales ofrecen a lo largo de los siglos.

A diferencia de las reconstrucciones de yeso de los museos de los dinosaurios, que a menudo se contorsionan en poses de amenaza teatral, estas huellas eran absolutamente poco dramáticas y prosaicas. No había pretensión en estas pisadas.

Este animal desconocía por completo su lugar en la historia de la vida. No se trataba de un cuadro de la vida en el Jurásico, sino de la vida de un martes por la tarde. Aquí se detienen las huellas. Allí se reanudan en otra dirección. Aquí inician un trote muy espaciado y allí se reducen hasta detenerse. Estos fueron momentos reales de indecisión registrados aquí en los caprichos de las rocas y trenes de pensamientos perdidos en los cráneos de estos animales indescriptiblemente antiguos mientras merodeaban por la orilla. Estos eran individuos, me impactó, cada uno con su propia personalidad y biografía. Me encontré inesperadamente con estas personalidades aquí, aunque solo por unos momentos, los momentos que las criaturas mismas desconocían alegremente se preservarían para siempre. Fue suficiente para hacerme olvidar el abismo infranqueable en el tiempo y el espacio que nos separaba, hasta que escuché el grito ahogado de la alarma de un auto en el estacionamiento.

A mi lado, una mujer y su novio se acercaron a la exhibición con la misma reverencia inesperada. Su deslumbrante teléfono celular y su camiseta de una banda muy famosa no sugerían (aunque podría estar equivocado) que tuvieran toda una vida extrayendo holotipos de las colecciones de los museos. Pero el humillante reproche del tiempo profundo aquí era embriagador.

"¿Qué va a quedar de nosotros?" le preguntó a su novio que tomaba bebidas energéticas. Dejó su lata y la miró escrutadoramente. "¿Qué dejaremos atrás?"

6

La Extinción Masiva Del Cretácico Final

Parece casi injusto insistir ahora en la desaparición de los dinosaurios en lugar de celebrar su espectacular reinado. Los dinosaurios florecieron, se adaptaron, se diversificaron, dominaron y, lo que es más impresionante, resistieron durante un tiempo, alguna vez lo hizo con el sensacional Stegosaurus del Jurásico. Incluso la supuesta caída de los dinosaurios no es todo lo que parece: las aves modernas son indiscutiblemente dinosaurios (terópodos, como T-Rex) y una riqueza de especies mucho mayor que la de los mamíferos.

Hay el doble de especies de aves que de mamíferos. Así que todavía estamos viviendo en la era de los dinosaurios. Los mamíferos nunca han tenido tanto éxito como los dinosaurios.

Algunos podrían ver a la humanidad como el miembro final de una progresión inevitable hacia una vida más avanzada.

Pero esta visión reconfortante no concuerda con el hecho bruto de 136 millones de años de mansa servidumbre de los mamíferos a la sombra de los dinosaurios, un arreglo que requirió una catástrofe inconcebible para ponerlo patas arriba.

Como alguna vez leí "El Mesozoico" era un mundo estable.

Hay muchas razones para creer que si hubiera permanecido imperturbable, [podría] haber continuado indefinidamente, con los descendientes ligeramente evolucionados de los dinosaurios dominando un mundo en el que los humanos nunca aparecieron".

. . .

Los dinosaurios son los protagonistas hasta ahora en la historia de la vida animal en la tierra y no un peculiar preámbulo de nuestra propia historia. A lo largo de las épocas habitaron todos los nichos -depredador y presa, herbívoro y carnívoro- y abarcaron todos los tamaños, desde el anchiornis parecido a una paloma hasta el período de tiempo incomprensible. Los humanos modernos han estado en este planeta por mucho menos de un millón de años. Dinosaurios por más de 200 millones. Este lapso de tiempo épico puede generar una cronología que te rasque la cabeza: T-Rex, el superdepredador icónico del Cretácico, vivió mucho más cerca en el tiempo de los seres humanos que argentinosaurio del tamaño de un hangar. Los saurópodos como estos eran tan monumentales que sus pedazos de metano podrían haber sido en parte responsables de calentar tanto el Mesozoico.

Los dinosaurios recorrieron las playas tropicales bajo un sol abrasador y se lanzaron a través de los exuberantes bosques polares bajo el brillo espectral de la aurora boreal, y en la Antártida bajo la aurora austral.

. . .

Es este dominio absoluto lo que hace que su caída al final del Cretácico sea uno de los eventos míticos y más intensamente estudiados en la historia planetaria. En una forma apropiadamente sensacional, su golpe mortal fue astróficamente abrupto y alucinantemente espectacular.

Al final del Cretácico, el asteroide más grande que se sabe que ha golpeado cualquier planeta del sistema solar en quinientos millones de años golpeó la Tierra...

Prácticamente al mismo tiempo que una de las erupciones volcánicas más grandes jamás cubrió partes de la India con lava de más de 2 millas de profundidad.

Sería difícil exagerar el impacto del artículo "Causa extraterrestre de la extinción del Cretácico-Terciario" en la comunidad científica. Antes de 1980, la muerte de los dinosaurios estuvo envuelta en una ignorancia más o menos abyecta, una ignorancia traicionada por la difusión de las verdaderas teorías tan locas sobre su desaparición. Un curador del Museo de Historia Natural de Londres, compiló una vez ochenta y nueve culpables propuestos que había oído sugerir durante su mandato. Ellos incluyeron:

"Enfermedades, problemas nutricionales, parásitos, luchas internas, desequilibrio de los sistemas hormonal y endocrino, discos vertebrales desplazados, senilidad racial, mamíferos que se alimentan de huevos de dinosaurio, cambios inducidos por la temperatura en la proporción de sexos de los embriones, el pequeño tamaño de los cerebros de los dinosaurios (y la consiguiente estupidez) y psicosis suicidas".

Otros asesinos, propuestos con diversos grados de seriedad, incluyeron la muerte por SIDA del espacio exterior y una epidemia de estreñimiento terminal por la ingestión de las plantas florecientes recientemente florecientes.

En 1980, un geólogo junto con su papá abrieron un hueco en la comunidad científica (y en esta balsa de especulaciones estúpidas) con un descubrimiento que puso patas arriba 150 años de geología. Reviviendo el espíritu moribundo del catastrofismo, ellos descubrieron evidencia en el registro de rocas que apuntaba a la destrucción bíblica al final de la era de los dinosaurios.

Trabajando en las pintorescas montañas de los Apeninos, en las afueras de la ciudad italiana medieval de Gubbio, perfecta para postales, uno de ellos se quedó perplejo ante la extinción repentina y casi total del plancton entre rocas ceosas y terciarias en un afloramiento de piedra caliza que emerge del fondo del océano. Las capas estaban separadas por una capa de arcilla curiosamente libre de fósiles, y quería saber cuánto duró este intervalo, que aparentemente puso patas arriba la vida en la tierra.

Esta curiosa ruptura en las rocas es lo que se conoce en geología como el Cretácico-Paleógeno (K-Pg) o, para usar un término más antiguo pero aún ampliamente utilizado, el límite Cretácico-Terciario (K-T)".

En geología, el grosor de una capa de roca es a menudo una indicación engañosa de la rapidez con que se depositó, pero no había razón para dudar de que esta brecha transformadora podría haber atravesado edades. Otro famoso geólogo primitivo había razonado mucho más de un siglo antes cuando notó la profunda ruptura en la vida entre las capas Cretácico y Terciaria, pero explicó la ruptura con lo que obviamente eran millones de años de roca perdida.

Para resolver el enigma de una vez por todas, ellos idearon un método ingenioso para determinar cuánto tiempo había pasado en la capa de arcilla estéril. Aunque nunca sospechó que un asteroide asesino podría estar involucrado, el mayor de los geólogos razonó que el polvo de lluvias de meteoritos inofensivos caería a un ritmo pequeño pero constante sobre la tierra a lo largo de millones de años. Si midieron la cantidad del oligoelemento iridio, un componente de este polvo, en la capa, una de dos cosas sería evidente. Si no encontraron iridio en absoluto, sabrían que lo que sucedió entre el Cretácico y el Terciario sucedió demasiado rápido para permitir que la lluvia constante de este polvo extraterrestre se acumulara en la capa de desastre a medida que se depositaba. Por el contrario, una pequeña acumulación del metal raro significaría que había pasado una gran extensión de tiempo y que los cambios al final del Cretácico se habían producido gradualmente.

Enviaron sus muestras italianas al Laboratorio Nacional Lawrence Berkeley para que las analizaría un químico nuclear y su práctico reactor nuclear, y esperaron los resultados.

Lo que encontraron no tenía sentido. Sí, había iridio en las muestras, pero había casi 100 veces más de lo que esperaban. La explicación más plausible, entonces, no fue una ligera lluvia de polvo espacial a lo largo de los siglos, sino un repentino y catastrófico golpeteo desde los cielos.

Al mismo tiempo que los hermanos estaban investigando, otro paleontólogo de origen holandés, igualmente curioso por el cambio repentino en el plancton en el K-T en piedra caliza en Caravaca, España, descubrió de forma independiente la capa de iridio. Los hermanos publicaron primero y quedaron inmortalizados en uno de los artículos más citados de su historia de geología.

. . .

Entonces, ¿qué se necesitaría para acabar con los dinosaurios, el grupo animal más dominante en la tierra en la historia del planeta y que gobernó la tierra durante 136 millones de años?

Bueno, esto podría funcionar: un clima que se estaba deteriorando a finales del Cretácico, con olas de calor de efecto invernadero puntuadas por breves y crudos inviernos interrumpidos por un asteroide del tamaño de San Francisco que atravesó la atmósfera en un segundo, creando Mordor en México, incinerando todo a su alrededor, enviando tsunamis a cientos de millas en tierra sobre costas distantes, colapsando la costa este, trayendo una era de oscuridad, floraciones de plancton que fallan, redes alimentarias que se hunden y lluvia ácida, y luego... al otro lado de el mundo, mientras las dorsales oceánicas medio gruñían en el fondo del océano, la tierra se abrió, como lo ha hecho en unos pocos capítulos catastróficos anteriormente en su historia, ahogando el oeste de la India en llamas, acidificando los océanos y trayendo calor punitivo al mundo durante miles de años.

. . .

Por supuesto, esto sigue siendo un boceto especulativo. El hecho es que todavía no tenemos idea de cómo fueron los últimos días de los dinosaurios. Lo único que sabemos es que eran indescriptiblemente horribles.

Parece razonable preguntarse cómo se les pudo haber dado a los dinosaurios una mano tan improbablemente terrible. La pura sobredeterminación de mecanismos de muerte en su muerte parece casi insinuar algún dios destructor vengativo que odia a los dinosaurios. Lo más probable es que fuera una desafortunada consecuencia de tener tanto éxito. Los dinosaurios dominaron absolutamente el planeta durante una eternidad funcional. Cuanto más tiempo estés, más probable es que veas cosas muy, muy raras, muy, muy malas. Los seres humanos han existido durante mucho menos de un millón de años, pero si podemos aguantar unos cientos de millones de años más, también tendremos algunos días buenos y algunos días malos.

7

La Extinción En Masa Del Pleistoceno Final

EL MUNDO que siguió a la interminable era de los dinosaurios, el Paleoceno, fue extraño. En los cañones de Angel Peak, Nuevo México, el equipo de Williamson estaba tratando de reconstruir este nuevo planeta impactado por las bombas. Estas tierras baldías de Nuevo México estaban repletas de caparazones de tortuga, huesos de caimán y dientes de mamíferos.

Bastante familiar, pero la mayoría de estos mamíferos eran linajes estériles sin descendientes en el mundo moderno. En otros lugares, la tierra estaba realizando experimentos verdaderamente extraños, esforzándose por llenar el abismo ecológico dejado por la desaparición de los dinosaurios. En América del Sur, había titanoboa, una serpiente de 2500 libras que se extendía casi 50 pies.

La serpiente monstruosa sería igualada en temible por los "pájaros del terror" del continente, que primero evolucionaron en el Paleoceno, pero luego desarrollarían cabezas del tamaño de caballos, pies de dinosaurio y picos gigantes en forma de gancho, con los que terrorizaron el campo, llevando adelante el negocio familiar de sus primos muertos.

Había algunos tipos muy extraños de pájaros que esencialmente llenaban nichos de dinosaurios. Por supuesto, los pájaros son dinosaurios, pero ya sabes, llenando los nichos que dejaron cosas como rapaces veloci y cosas así, durante los pocos millones de años posteriores a la extinción.

Si la fauna era volátil, el clima era aún menos predecible.

. . .

El Paleoceno y el Eoceno fueron una época de cambios climáticos muy caóticos, sin embargo, este calor del desierto no era nada comparado con la cabaña de sudor global que enfrentaron nuestros antepasados.

Sabemos que fue una época muy calurosa, mucho más calurosa que la actual. Y dado el lugar al que nos dirigimos, queremos saber cómo será nuestro planeta durante las épocas calurosas. No solo fue mucho más caluroso, sino que tienes estos grandes picos de temperatura y duran tal vez decenas de miles, o unos pocos cientos de miles de años como máximo.

El invernadero de la edad temprana de los mamíferos alcanzó su máximo sofocante hace 56 millones de años, cuando se liberó a la atmósfera y los océanos una cantidad de carbono aproximadamente equivalente a las reservas actuales de combustibles fósiles en el transcurso de menos de 20,000 años. Como resultado, la temperatura subió de 5 a 8 grados centígrados. Esto se conoce como Máximo Térmico del Paleoceno-Eoceno, o PETM. La fuente podría haber sido los volcanes en las profundidades del Atlántico Norte, que queman enormes reservas de combustibles fósiles bajo el lecho marino. A medida que el dióxido de carbono y el metano se desgasificaban, el clima habría chisporroteado, tal vez iniciando un ciclo de retroalimentación al descongelar el permafrost en la tierra, que luego habría liberado aún más dióxido de carbono y metano, calentando aún más el planeta. Nada de esto debería sonar alentador para los oídos modernos.

Los arrecifes de coral recibieron un duro golpe en el PETM, mientras que los mamíferos, como los primeros caballos, se redujeron de tamaño para combatir el calor y corrieron hacia el polo, donde el Océano Ártico tenía una temperatura tibia de 76 grados Fahrenheit. Incluso cuando la ola de calor cedió, la tierra todavía estaba febrilmente caliente. Hoy, en la isla de Ellesmere, azotada por el viento, en el alto Ártico canadiense, en una ladera árida con vista a mares repletos de hielo, tocones de árboles fósiles marcan el antiguo sitio de un bosque pantanoso del Eoceno, una vez habitado por lémures voladores, tortugas gigantes, animales parecidos a hipopótamos y caimanes. En el peor caso, los modelos de emisiones de dióxido de carbono y sensibilidad climática prometen devolver nuestro planeta moderno a este baño de vapor del Eoceno.

· · ·

Una de las causas propuestas para el invernadero con alto contenido de CO_2 que comenzó en la era de los dinosaurios y reinó en este apogeo de los primeros mamíferos es, una vez más, la India.

Las zonas de subducción que arrastraron al continente insular a través del océano, atrayéndolo hacia Asia, hundieron el fondo del océano en la tierra y devoraron miles de kilómetros de carbonatos depositados por la vida marina muerta a lo largo de los siglos. El dióxido de carbono de la roca consumida se gaseaba continuamente arriba, en una vanguardia de volcanes. Cuando India se estrelló contra Asia hace unos 45 millones de años, esta fábrica de CO_2 en funcionamiento durante decenas de millones de años cerró sus puertas y los volcanes quedaron en silencio. A medida que la colisión empujó al Himalaya hacia el cielo, estas rocas volcánicas y esta cadena montañosa recién nacida comenzaron a erosionarse, reduciendo aún más el CO_2. Al igual que con la creación de los Apalaches y la edad de hielo del Ordovícico 400 millones de años antes, cuando comenzó el levantamiento y la meteorización de los Himalayas, se puso en marcha el largo y lento declive hacia la edad de hielo moderna.

. . .

Finalmente, la Antártida, que durante mucho tiempo fue una reserva boscosa y exuberante, comenzó a separarse de Australia, poniendo fin al último vestigio del supercontinente Gondwana. A medida que el continente más austral comenzó a crecer una capa de hielo y climas más fríos y secos se extendieron por todo el mundo, el Eoceno terminó con un enfriamiento hace 34 millones de años. Esta transición, del clima de invernadero de larga data a un clima más moderno con hielo en los polos, provocó un gran cambio en la vida animal. Mamíferos extraños como los brontoterios de cabeza nudosa, parecidos a rinocerontes, desaparecieron en este primer rubor de hielo polar. Los pastizales y las sabanas que nos son familiares hoy en día comenzaron a extenderse, reemplazando a los bosques primitivos.

Este cambio se llama "Grande Coupure" (en francés, "gran oportunidad"). Pero en su mayor parte, las extinciones y los orígenes en el Cenozoico continuaron como siempre, con especies que vivían una vida natural completa antes de sucumbir al cambio de las estaciones geológicas, felizmente libres de la matanza indiscriminada de las extinciones masivas. Injustamente pasado por alto en la imaginación del público, el mundo desde la era de los dinosaurios ha sido salvaje, presentando de todo, desde rinocerontes sin cuernos del tamaño de dinosaurios hasta tiburones megalodón de 60 pies como dioses.

Luego, hace apenas 3 millones de años, mientras el dióxido de carbono continuaba con su vacilante reflujo y América del Norte y del Sur unían sus manos en Panamá, un matrimonio que desvió la circulación oceánica global, la parte superior del planeta también comenzó a congelarse. El Polo Norte probablemente ha permanecido congelado en su mayor parte desde entonces, hasta nuestros días, cuando se espera que se derrita en los veranos de las próximas décadas.

Cuando la tierra se enfrió lo suficiente, hace unos 2,6 millones de años, la oscilación del planeta comenzó a dominar el clima, inclinando la tierra hacia dentro y fuera de la luz del sol y empujando al planeta entero dentro y fuera de grandes eras de hielo. Cuando estos bamboleos periódicos inclinaban la tierra lejos del sol en el verano, el hielo podía marchar a través de los continentes en capas colosales de más de una milla de espesor.

. . .

El invierno llegó a la tierra, estrechándola en un abrazo helado durante decenas de miles de años.

Durante los últimos millones de años, estas oscilaciones en el espacio y los cambios regulares en la órbita de la Tierra han empujado al planeta dentro y fuera de quizás más de cincuenta ciclos de hielo que avanza y retrocede. Lo que nos lleva al día de hoy. Nos encontramos atrapados entre grandes glaciaciones, en un breve interglaciar de calor durante unos cuantos miles de tenues años, como las docenas de cálidos respiros que han ido y venido antes. No debemos esperar que estas agradables vacaciones duren mucho más de lo que ya han durado. En un momento geológico, deberíamos esperar retroceder a una gran era glacial, durante la cual la ciudad de Nueva York parecerá el borde de la Antártida, con el Empire State como una mota insignificante al lado, la cara helada de las capas de hielo continentales. Si vuelve la edad de hielo, los mares se desplomarán 400 pies, empujando nuestras costas familiares cientos de millas mar adentro y conectando Australia con Asia y Asia con América del Norte. Más adelante volveremos a este pronóstico a largo plazo, que ha sido sumido en el caos por la intervención humana.

Curiosamente, los cambios climáticos salvajes de los últimos millones de años dentro y fuera de las glaciaciones castigadoras han causado muy pocas extinciones. A diferencia de Isotelus Rex o Dunkleosteus, que perecieron en glaciaciones anteriores en la historia de la Tierra, los mamuts lanudos, los perezosos terrestres gigantes, los marsupiales enormes y los armadillos del tamaño de automóviles parecen haber sobrevivido a los muchos cambios entre las edades de hielo y los interglaciares cálidos de los últimos años geológicos. Historia con buen humor, modificando sus rangos para acomodar al quisquilloso planeta.

Entonces, hace un momento geológico, el mundo perdió la mitad de sus enormes mamíferos terrestres.

Estas se conocen como las extinciones de "tiempo cercano" porque, para los geólogos, los eventos que ocurrieron hace solo unos pocos miles de años bien podrían haber ocurrido ayer.

. . .

Estas extinciones cercanas al tiempo, que representan el mayor golpe a los grandes vertebrados terrestres desde el caos bíblico al final del Cretácico, siguen un patrón como ningún otro: evitan el reino marino por completo, dejando la flora virtualmente intacta y principalmente afectando a grandes mamíferos terrestres carismáticos.

Después de millones de años de relativa estabilidad, incluso a través de incontables castigos de cambios climáticos, una extraña ola de extinciones barrió repentinamente el planeta, eclipsando misteriosamente las heroicas migraciones de la especie de primate africano Homosapiens, que ha evolucionado recientemente. Comenzando hace solo unas pocas decenas de miles de años, las extinciones saltaron de un continente a otro, luego a islas remotas, y continúan sin control hasta la actualidad. La idea de las extinciones provocadas por el hombre evoca imágenes de motosierras llenas de gasolina derritiendo madera vieja, o arrastreros de pesca industrial esterilizando el lecho marino con arados submarinos oxidados, pero de hecho, la ganancia de la humanidad ha sido la pérdida de la biodiversidad desde su nacimiento.

En algún momento entre 40,000 y 50,000 años, Australia perdió sus leones marsupiales y sus canguros gigantes, que eran mucho más grandes (y más lentos) que los que viven ahora. Perdió sus diprotodontes, gigantescos herbívoros del tamaño de rinocerontes, los marsupiales más grandes que jamás hayan existido. Perdió sus pájaros gigantes no voladores, de más de 6 pies de altura. Perdió una pitón gigante, dos especies de cocodrilos terrestres y un enorme lagarto monitor llamado megalania, que, con una extensión de unos 15 pies, parecía como si se hubiera perdido en el camino hacia el Triásico. Perdió absolutamente todos los animales terrestres que pesaban más de 100 kilogramos (220 libras). La ola de extinción golpeó, no durante ninguna perturbación climática inusual o impacto de asteroide, pero aproximadamente al mismo tiempo que los primeros humanos llegaron a Australia.

Cuando los humanos modernos se extendieron por primera vez a Europa y Asia, la fauna local sufrió un período más prolongado de extinciones que se llevaron los elefantes de colmillos rectos de Eurasia, sus mamuts lanudos, sus rinocerontes lanudos y sus rinocerontes no tan lanudos, así como sus hipopótamos, sus ciervos gigantes (luciendo el las cornamentas más extravagantes del mundo), sus osos de las cavernas, sus leones de las cavernas y sus hienas manchadas. Eurasia también perdió a sus neandertales, ese otro homínido que usaba herramientas y fuego y enterraban a sus muertos. El encuentro de los neandertales con los humanos modernos fue devastadoramente breve, aunque sus genes perduran en los europeos y asiáticos, cuyo amor aparentemente trasciende las especies.

La extinción de los mamuts lanudos, vista vagamente por el público como en algún momento allá atrás con los dinosaurios, es tan reciente que es posible comer carne de mamut lanudo recuperada de la nieve, como un escritor científico, fue testigo de lo que hizo un camarada ruso en un viaje a Siberia. Incluso después de unos cuantos tragos de vodka, dijo: "Fue horrible. Sabía a carne que se dejó demasiado tiempo en el congelador. Repartidos por Europa del Este y Rusia se encuentran los restos dispersos de asentamientos con casas construidas completamente con huesos de mamut, incluido el impresionante sitio Mezhyrich de Ucrania, que incluye los huesos de unos 150 animales.

Hace unos 12,000 años, los humanos llegaron a América del Norte. Al mismo tiempo, después de millones de años de relativa estabilidad nuevamente, incluso a través de cambios bruscos en el clima de América del Norte, perdió una asombrosa variedad de megafauna. El continente era el hogar de un grupo de animales que superaban con creces en grandeza a los que se encuentran en cualquier sabana africana moderna.

Perdió sus cuatro especies de mamuts, sus gonfoterios parecidos a elefantes y sus gigantescos perezosos terrestres, algunos de los cuales alcanzaban los 15 pies de altura sobre sus patas traseras. Perdió sus armadillos gigantes que pesaban más de una tonelada; castores del tamaño de osos; osos, como arctodus, que eran mucho más grandes que cualquiera de los que viven ahora; y pecaríes gigantes, tapires, alces ciervos, capibaras, perros salvajes, antílopes enanos, bueyes de matorral, bueyes almizcleros de los bosques y mastodontes.

. . .

Las esporas de un hongo que vivía y dependía del estiércol de mastodonte insinúan que esta extinción no se debió a fuerzas naturales como un cambio en la vegetación o el cambio climático. Las esporas se desplomaron, lo que indica la desaparición de los mastodontes y otra megafauna de la que dependían incluso cuando los bosques de abetos preferidos por los animales se estaban extendiendo. Sitios de matanza de nativos americanos, así como modelos de computadora que simulan la relativa facilidad de cazar en exceso la megafauna para extinguirse en sólo unas pocas generaciones, señalar a otro culpable.

América del Norte también perdió sus muchos camellos, que se originaron y evolucionaron en el continente, y luego se extendieron a Asia y África.

América del Norte perdió sus cebras americanas y sus caballos. La historia de los caballos en América del Norte es curiosa. Los caballos evolucionaron en el continente durante millones de años, luego se extinguieron repentinamente hace unos 12,000 años, solo para ser reintroducidos unos miles de años después por los colonos españoles. Si persisten en el continente durante millones de años a partir de ahora, los geólogos del futuro lejano probablemente no detectarán esta extraña ausencia milenaria.

La extinción de los perezosos terrestres y el resto de la megafauna americana es tan reciente que hasta el día de hoy quedan cuevas en el Gran Cañón llenas de mierda de perezosos gigantes.

Si bien el daño se hizo en los continentes hace más de 10,000 años, las islas continuaron sufriendo ola tras ola de extinción a lo largo de los siglos a medida que fueron descubiertas por exploradores antiguos y toscos. Hace unos 2,000 años, después de que los indonesios hicieran un extraordinario viaje a Madagascar sobre el Océano Índico en canoas con estabilizadores, llegaron a tierra y arrasaron con la fauna local. El pulso de la extinción se cobró un pariente del oso hormiguero y diecisiete especies de lémures, el más grande de los cuales, el archaeoindris, era del tamaño de un gorila. Madagascar también perdió sus hipopótamos, sus tortugas gigantes y sus asombrosas aves elefantes, que medían más de 10 pies de altura y ponían huevos que, con una capacidad de más de 2 galones, eran los huevos más grandes conocidos de cualquier animal, incluso dinosaurios. Estas enormes cáscaras de huevo no son difíciles de encontrar en la isla, donde "ensucian el suelo como restos de almejas". Deben haber proporcionado banquetes para los primeros malgaches.

En los últimos cientos de años, cuando los valientes polinesios partieron hacia el Pacífico para colonizar milagrosamente pequeños atolones y archipiélagos separados por miles de millas desde Nueva Caledonia hasta Hawai, desde la Isla de Pascua hasta Pitcairns, la fauna local de la isla, incluidas miles de especies de aves no voladoras, junto con innumerables caracoles terrestres y otros animales, fueron erradicados. Pero la caza no es la única arma en el arsenal de extinción de la humanidad. Esta fauna isleña podría haber sido destruida principalmente por nuestro cargamento peludo, como ratas y cerdos.

La noción del buen salvaje que vive en armonía con la Naturaleza debería ser enviado al reino de la mitología donde pertenece. Los seres humanos nunca han vivido en armonía con la naturaleza.

. . .

El Fin del Mundo y Extinciones

Que el proyecto humano desde su nacimiento, y el florecimiento humano en general, parezca haberse desarrollado a expensas del resto del mundo natural es uno de los descubrimientos más crudos e inquietantes de la ciencia.

Esta sombra humana destructiva ha crecido en los últimos siglos, y la lista de extinciones en un pasado muy cercano es trágica y bien conocida: desde el marsupial tigre de Tasmania de Australia hasta las palomas migratorias de América del Norte (las cuales pasaron sus últimos días en zoológicos) a las grandes alcas de Europa y al dodo de Mauricio. En China, las represas, los aparejos de pesca y el tráfico de embarcaciones han llevado al baiji, un delfín de río casi ciego, a la extinción sólo en la última década. Y en 2015, la imagen del último rinoceronte blanco del norte macho, custodiado por guardabosques sudaneses armados al final de su recorrido de un millón de años por el planeta, fue noticia en todo el mundo. Incontables otras especies perdidas nunca serán conocidas, arrastradas al olvido por arrastreros en las devastadas plataformas continentales del océano, o pérdidas en extensiones humeantes de selva tropical despejada.

· · ·

Entonces, ¿con qué innovación se había topado la evolución con los seres humanos? ¿Qué podría explicar tanta destrucción, tan rápido, hecha enteramente por una sola especie de primate? Si las raíces profundas, los tejidos leñosos gruesos y las semillas de las primeras plantas terrestres existieron durante el Devónico tardío

¿qué podría explicar la dispersión casi instantánea del Homo sapiens por todo el mundo y su subsiguiente dominación del entorno natural?

La cultura puede tener algo que ver con eso. Por cultura, me refiero a la capacidad del Homo sapiens de transmitir información de generación en generación, no sólo a través de nuestro código genético, como el resto del reino animal, sino a través del lenguaje, el comportamiento y tecnologías como la escritura. Es la cultura la que nos permite adaptarnos al entorno a medida que cambia sobre la marcha, en lugar de estar obligados a esperar los martillazos de la selección natural para corregirnos dolorosamente.

La cultura, como el ADN, es información. Como tal, se propaga y evoluciona en función de su eficacia para transmitirse. Al igual que los genes, la información codificada en el lenguaje o el comportamiento que mantiene a las personas con vida o les confiere alguna ventaja material es buena para difundirse. Esto podría incluir información sobre cosas como la rotación de cultivos o cómo construir barcos, armas o ropa. Y como han confirmado, este proceso nunca necesita involucrar el ingenio humano. El diseño de los barcos polinesios, fue esculpido por algo así como la evolución por selección natural.

Pobres diseños de barcos aquellos cuyos ocupantes no regresaron a puerto no fueron adoptados por sucesivas generaciones de constructores de barcos. En cambio, los constructores de barcos adoptaron sólo aquellos diseños, seleccionados por el mar, que sobrevivieron al viaje.

Pero incluso si el diseño del barco fue concebido por razones que no estaban al alcance de sus creadores, modelado por el mar en lugar de por un diseñador sabio, la constante acumulación de mejoras a lo largo de sucesivas generaciones de barcos, a través de la evolución cultural, deja casi sin tiempo geológico, un barco asombroso capaz de superar barreras naturales incluso tan desalentadoras como el Océano Pacífico. Esta capacidad de transmitir información mutable a lo largo de las generaciones sobre técnicas superiores de fabricación de barcos (o métodos de caza, o formas de hacer ropa con pieles de animales, o experiencia metalúrgica) permitió que la tecnología acumulara innumerables modificaciones y ajustes nuevos y, por lo tanto, se volviera cada vez más adaptable en un abrir y cerrar de ojos del tiempo evolutivo. La invención de la palabra escrita permitió que esta información sobre la manipulación del mundo físico que ahora reside y muta fuera del genoma, en libros, revistas, periódicos, publicaciones científicas y, más recientemente, Internet, se disperse cada vez más. Hay una línea recta de evolución cultural: un clado cultural desde las lanzas hasta las armas nucleares. La cultura nos ha permitido deshacernos de las ataduras del tiempo evolutivo.

Hoy, estas decenas de miles de años de evolución cultural nos han dado un mundo en el que hemos adquirido tal dominio sobre el entorno físico que tenemos las perillas de todo el sistema terrestre y las estamos torciendo violentamente.

. . .

Una innovación en particular nos ha convertido en una verdadera fuerza geológica: nuestro esfuerzo global para tomar la mayor cantidad posible de carbono antiguo del registro de rocas y encenderlo todo a la vez en la atmósfera.

Este es un superpoder normalmente reservado para los basaltos de inundación continental.

Ahora, la parte loca y la parte que debería arrojar algo de luz sobre cuán malas fueron en realidad las extinciones masivas de los Cinco Grandes. A pesar de este registro de devastación, y a pesar del pesimismo casual de los muchos periodistas científicos y organizaciones sin fines de lucro conservacionistas que venden la realidad de una sexta extinción masiva actual a la par de las cinco primeras, la humanidad aún no ha llegado a ningún lugar ni remotamente cerca del número de muertes de las principales extinciones masivas de los últimos 500 millones de años... todavía. En los últimos 400 años, se han documentado extinciones de unas 800 especies. Esta es una tragedia, sin duda, y probablemente una subestimación masiva, pero cuando se divide por los 1,9 millones de especies conocidas, 800 especies extintas equivalen a una extinción de menos de una décima parte del 1 por ciento, muy lejos del final del Pérmico, durante el cual, redondeando generosamente, murió casi el 100 por ciento de la vida compleja en la Tierra.

Es posible que los peces hayan sido diezmados por la pesca a escala industrial en las últimas décadas, pero muy pocos se han extinguido: cada año, los cachalotes comen tanto marisco como nosotros, aunque una fracción de su población histórica todavía tiene cientos de miles de espermatozoides de ballenas.

No ha habido nada como el colapso total de la vida en la tierra visto al final del Pérmico, o en cualquiera de las otras extinciones masivas, ya sea en tierra o en el mar. De hecho, la biodiversidad sigue floreciendo.

Mira por la ventana y es posible que veas un lugar verde, lleno de cantos de pájaros y ardillas engordadas.

Incluso con la pérdida de todos esos perezosos terrestres gigantes y mamuts y mastodontes y dodos y rinocerontes y ranas arborícolas y palomas mensajeras y pangolines y baiji, en el panorama general solo hemos dado un golpe en esta gloriosa biosfera. Especialmente en comparación con los holocaustos globales del tiempo profundo.

De hecho, desde una perspectiva geológica, el planeta puede ser más resistente a las extinciones masivas hoy que en cualquier otro momento de su historia. Por un lado, no nos encontramos con la geometría de bloqueo de carbono de un supercontinente pangeano, ni estamos en el mundo insular varado del Ordovícico, donde las rutas de escape fueron bloqueadas (aunque la fragmentación del hábitat puede plantear un desafío similar). Pero quizás el aspecto más importante de la resiliencia de la tierra moderna es el cambio que ha tenido lugar en los últimos cientos de millones de años en los océanos, que están tan oxigenados como siempre. Algunos de los cambios más saludables de la tierra podrían deberse a sus habitantes más modestos: el plancton.

Conclusión

Lo que está pasando hoy es extremadamente inusual. Estamos cazando y destruyendo animales a un ritmo insondable, pero si la humanidad desapareciera mañana, el planeta podría recuperarse rápidamente. Si dejáramos de arrojar carbono a la atmósfera y al océano, en unos pocos miles de años saldría del sistema como piedra caliza. Pero no es probable que nos detengamos pronto y, por desgracia, nuestro saqueo no puede durar para siempre sin desencadenar una devastación geológicamente significativa.

En 2015, todos los países del mundo se reunieron en París para negociar un plan para evitar que el planeta se calentara 2 grados antes de 2100. A pesar de la evaluación optimista de muchos editorialistas, fracasaron catastróficamente. No existen compromisos vinculantes y la adhesión de los países al acuerdo es voluntaria. Aunque los países signatarios anunciaron su intención de aspirar a 1,5 grados de calentamiento, el acuerdo reconoce tímidamente que si todos los países cumplieran con sus optimistas promesas de emisiones, el planeta aún superaría fácilmente los 2 grados.

Pero incluso si hubieran tenido éxito en la elaboración de un tratado significativo de 2 grados, habría significado que el plan más ambicioso presentado hasta ahora por los líderes mundiales limitaría el calentamiento a un nivel que eliminaría la mayoría de los arrecifes de coral y partes importantes. de la selva tropical, provocar olas de calor sin precedentes y legiones de extinciones, y eventualmente inundar las ciudades costeras de todo el mundo. Y desde el sistema oceánico-climático no lo contiene en 2100, el calentamiento y el aumento del nivel del mar persistirían y, de hecho, aumentarían durante cientos, si no miles, de años.

Como comentó recientemente el geofísico de la Universidad de Chicago, sobre el objetivo arbitrario: "Tengo la sensación de que cuando nos acerquemos a los 2 grados centígrados, pensaremos que es una locura que hayamos pensado que ese era un objetivo al que apuntar".

Conclusión

Aún así, esta meta de 2 grados es, de hecho, extremadamente ambiciosa. Para alcanzarlo a medida que la población mundial continúa agregando miles de millones de almas, el uso de combustibles fósiles deberá caer a casi cero para mediados de siglo, al mismo tiempo que el mundo tendrá que juntar casi 30 teravatios de nueva energía libre de carbono, una cantidad absurda. cantidad equivalente a más del doble de lo que el mundo consume actualmente, la mayor parte del cual proviene de combustibles fósiles. Es por eso que el economista de Columbia escribió sobre el acuerdo de París: "La única forma en que las contribuciones voluntarias prometidas hasta ahora podrían lograr la meta colectiva de 2 grados es si ocurre un milagro alrededor de 2030, algún avance tecnológico que obligue a las emisiones globales a caer en picada. Incluso entonces, las posibilidades de mantenerse dentro de la meta de 2 grados no son mejores que 50-50".

La gente no habla mucho sobre lo que sucederá después de 2100. En la escala de una vida humana, los asuntos del próximo siglo siguen siendo ficciones nebulosas y remotas. Pero dado que el alcance de este libro es geológico, el año 2100 es un hito insignificante, y el paso de los siglos es un borrón indistinguible, irresoluble en el registro fósil. Durante decenas de miles de años más allá de 2100, la tierra seguirá siendo mucho más cálida y totalmente diferente de lo que ha sido durante millones de años. Descongelar el permafrost en la tierra y el metano de las profundidades puede eventualmente agregar tanto carbono a la atmósfera como contribuciones humanas, elevando aún más las temperaturas en el peor de los escenarios posiblemente hasta el Eoceno, cuando los reptiles tomaban el sol en el Círculo Polar Ártico.

Y el mar seguirá subiendo tan seguramente como el sol. Las temperaturas de verano 3 grados más cálidas eventualmente derretirán toda Groenlandia. Y si el colapso de la plataforma de hielo de la Antártida Occidental es tan irreversible como nos dicen los modeladores de la capa de hielo y la historia de los terglaciales pasados, entonces dentro de un par de siglos gran parte de Florida se ahogará. También lo harán Bangladesh, la mayor parte del delta del Nilo y Nueva Orleans. En los siglos venideros, si nuestro experimento con el clima no se controla, también lo hará gran parte de la ciudad de Nueva York, Boston, Ámsterdam, Venecia y otros incontables refugios temporales de la humanidad donde descansarán en reposo acuoso durante decenas, incluso cientos, de miles de años. La civilización ha contado sesenta siglos hasta ahora, pero el próximo

Conclusión

puñado bien puede ver el océano subir más de 200 pies si lo quemamos todo. Esto no es tan sorprendente. En los milenios anteriores a la civilización, el océano se elevaba 400 pies desde el borde de las plataformas continentales.

Boston se construyó como una ciudad marinera, pero hace unos miles de años habría estado sin salida al mar a más de 200 millas del océano. Que la costa continuará migrando hacia el interior no debería ser una gran sorpresa. Esto es lo que hace el océano en el tiempo geológico, burlándose de la supuesta permanencia de nuestros asentamientos costeros.

No solo nos estamos calentando, no somos solo contaminación, no somos solo sobreexplotación, lo estamos acumulando todo simultáneamente. Es por eso que es realmente inexacto argumentar eso porque ha habido un calentamiento en el pasado que no cuente ahora, porque es parte de la tormenta perfecta.

Creo que todas las extinciones masivas funcionan de esa manera. No habría sido tan malo si no hubieras tenido las Trampas Deccan en erupción, o las Trampas Deccan no habrían hecho tanto daño si no hubieras dejado caer una piedra del cielo. Pero los combinas. El

Conclusión

Pérmico-Triásico es de la misma manera. El Devónico es de la misma manera. El Ordovícico Final es de la misma manera. El Triásico-Jurásico-son estas cosas combinatorias. Tienes que alejarte de las explicaciones de un solo factor. Sospecho que muchos de los principales eventos en la historia de la vida involucran tormentas perfectas. Y nosotros somos uno de ellos. Si solo hiciéramos una cosa, no sería gran cosa, pero estamos haciendo todo simultáneamente.

www.ingramcontent.com/pod-product-compliance
Lightning Source LLC
Chambersburg PA
CBHW072018070526
44583CB00015B/1535